AF569420

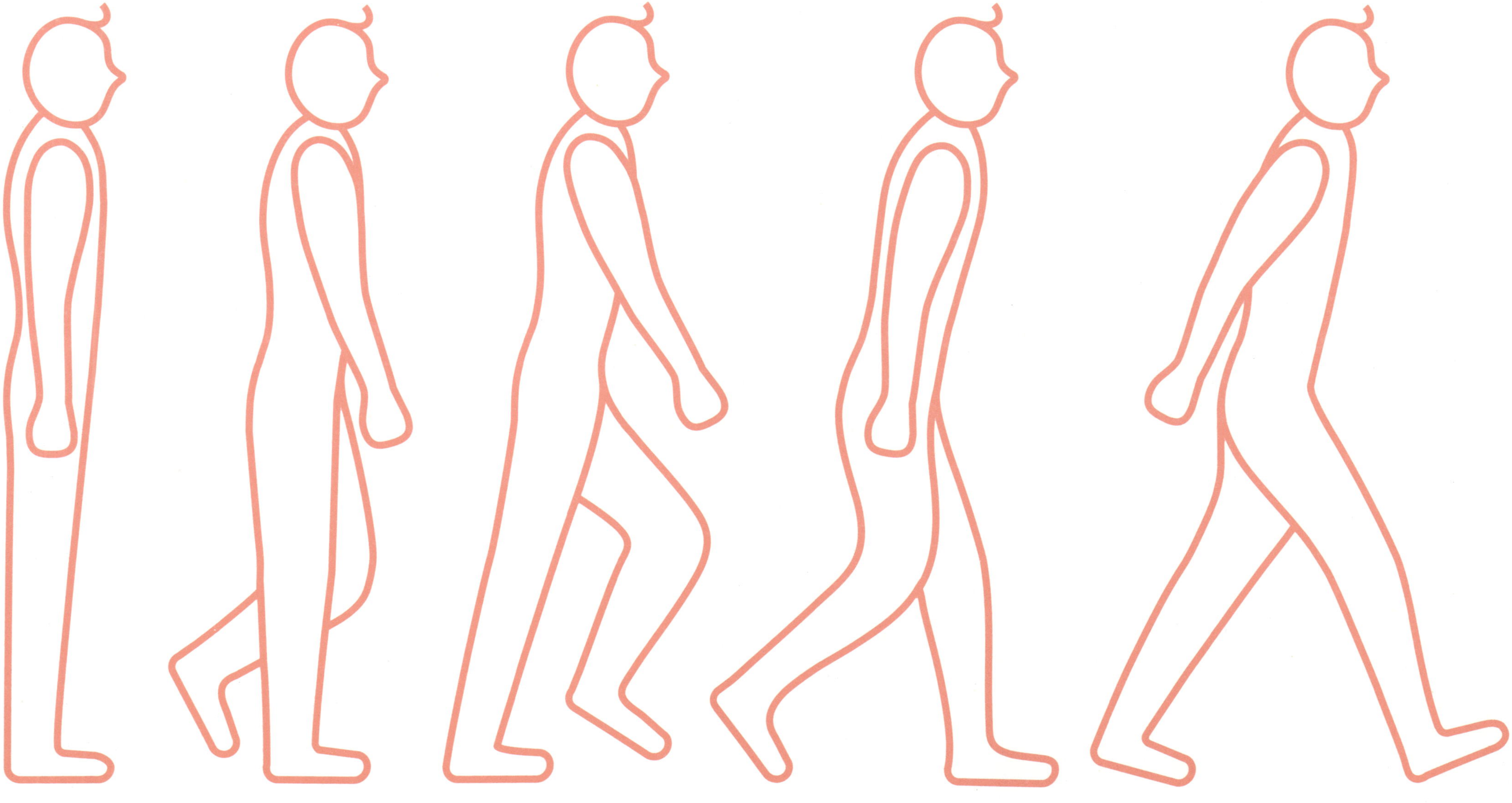

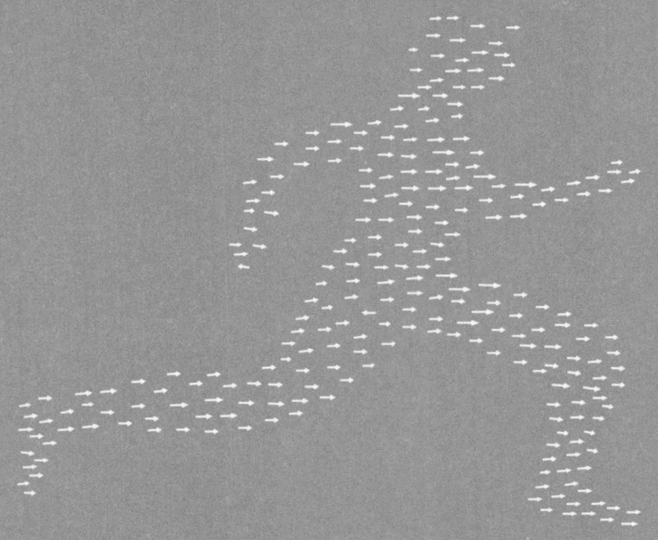

ДОРОГА З'ЯВЛЯЄТЬСЯ ПІД НОГАМИ ТОГО, ХТО ЙДЕ

*давнє прислів'я*

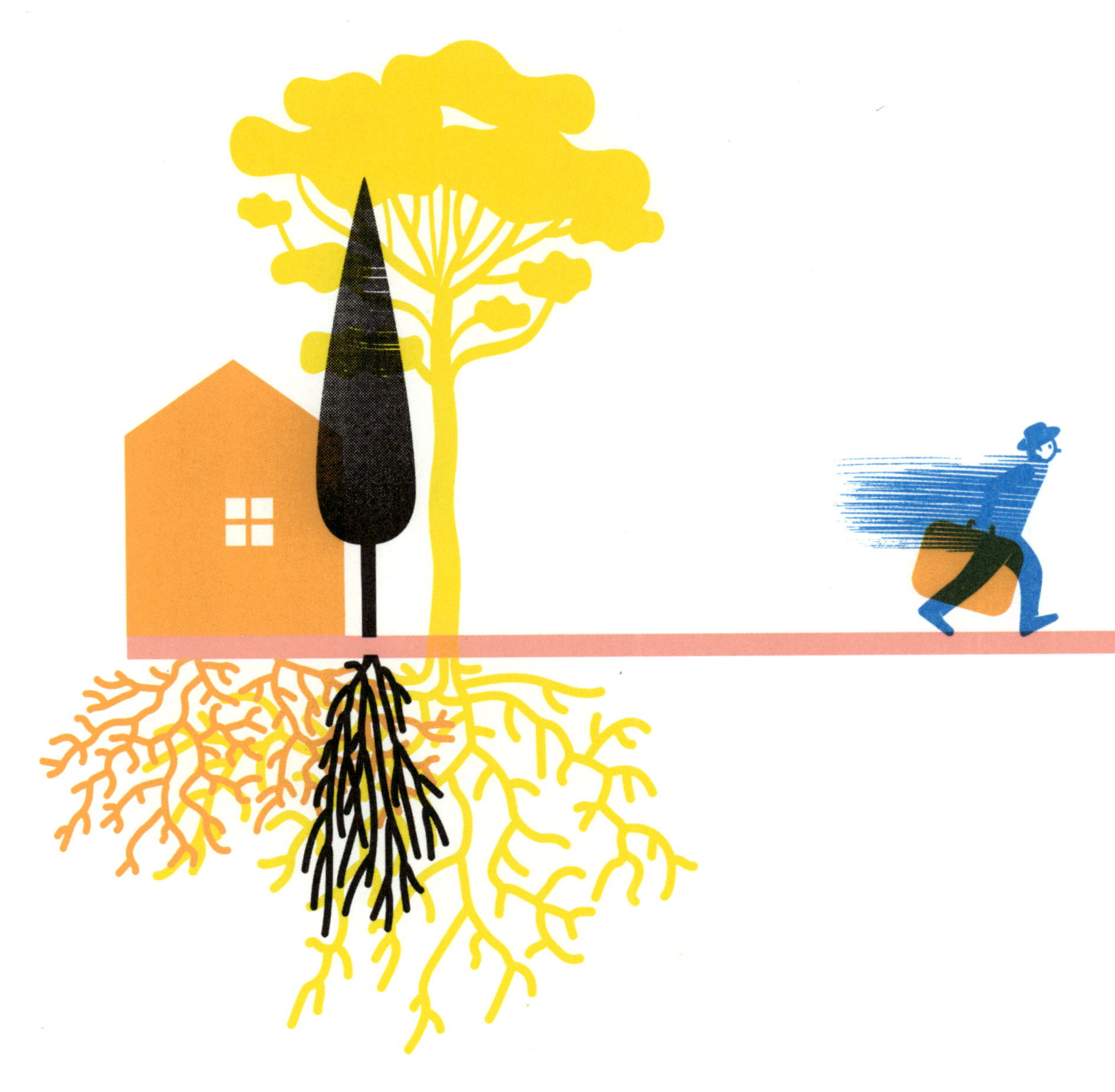

Романа РОМАНИШИН
та Андрій ЛЕСІВ

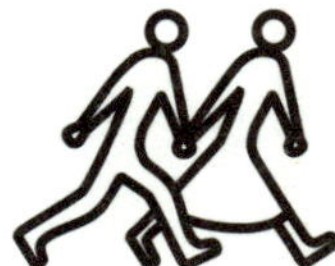

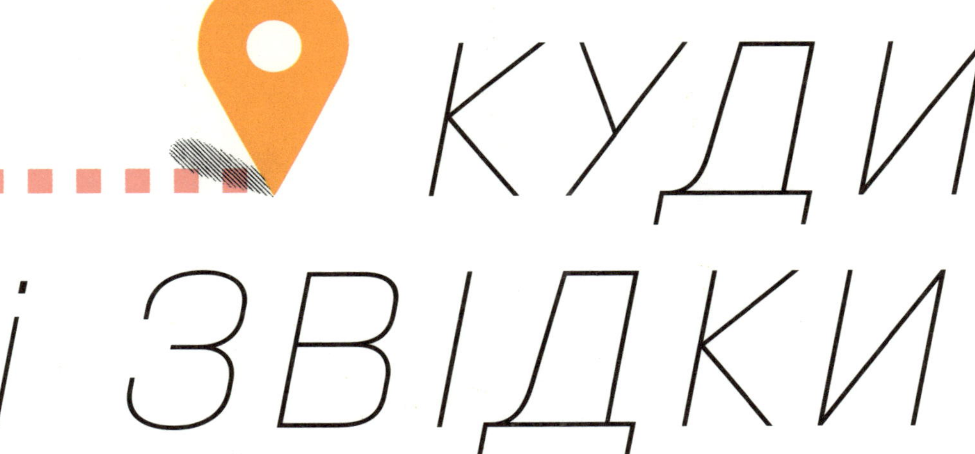

# КУДИ і ЗВІДКИ

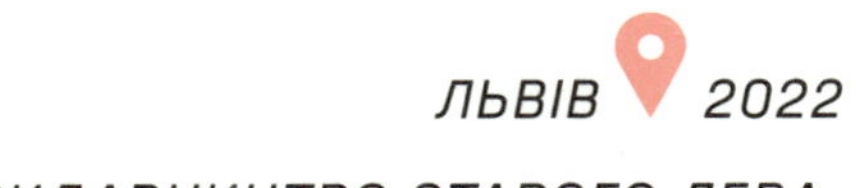

ЛЬВІВ 2022
ВИДАВНИЦТВО СТАРОГО ЛЕВА

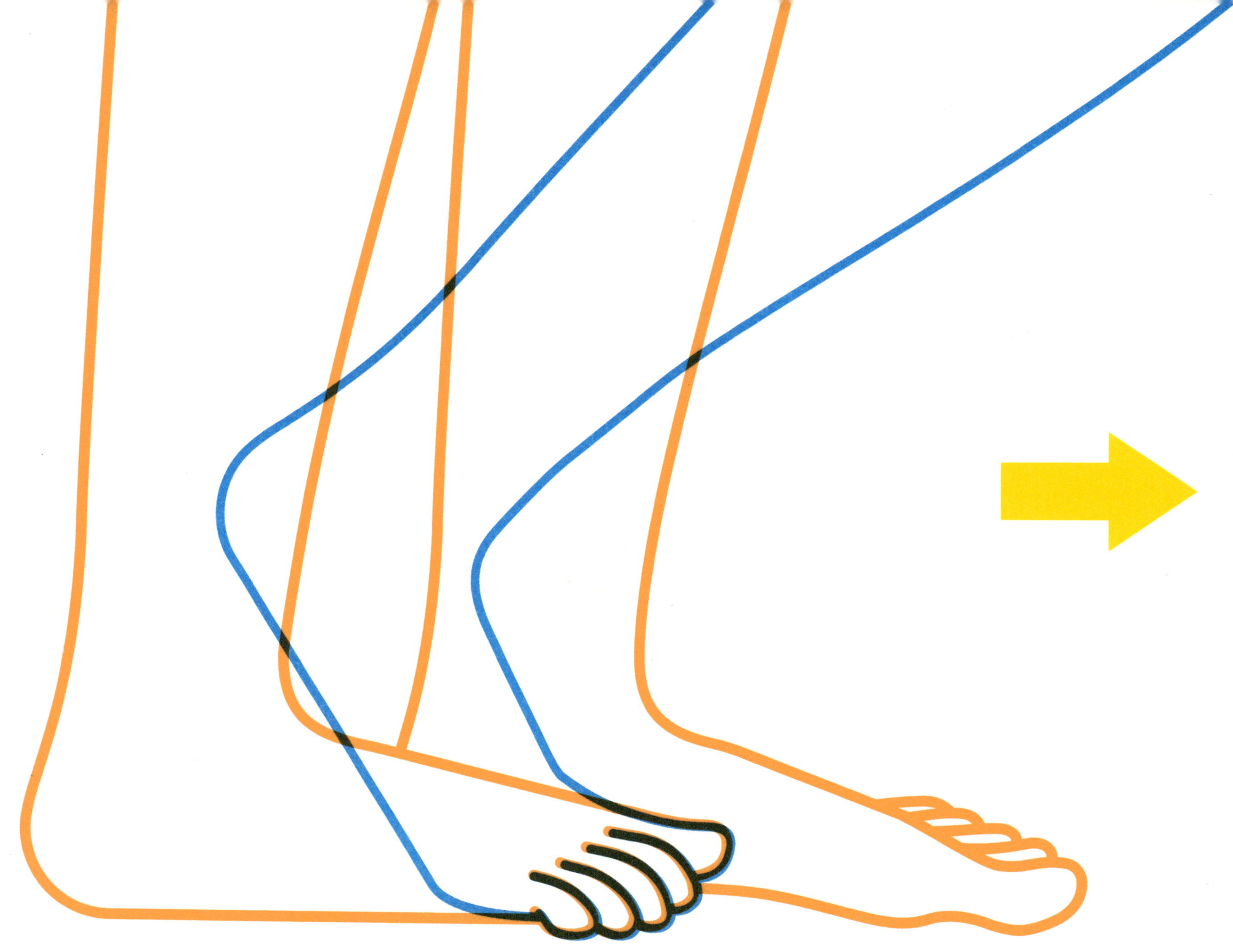

*КОЖНА МАНДРІВКА ПОЧИНАЄТЬСЯ З ПЕРШОГО КРОКУ.*

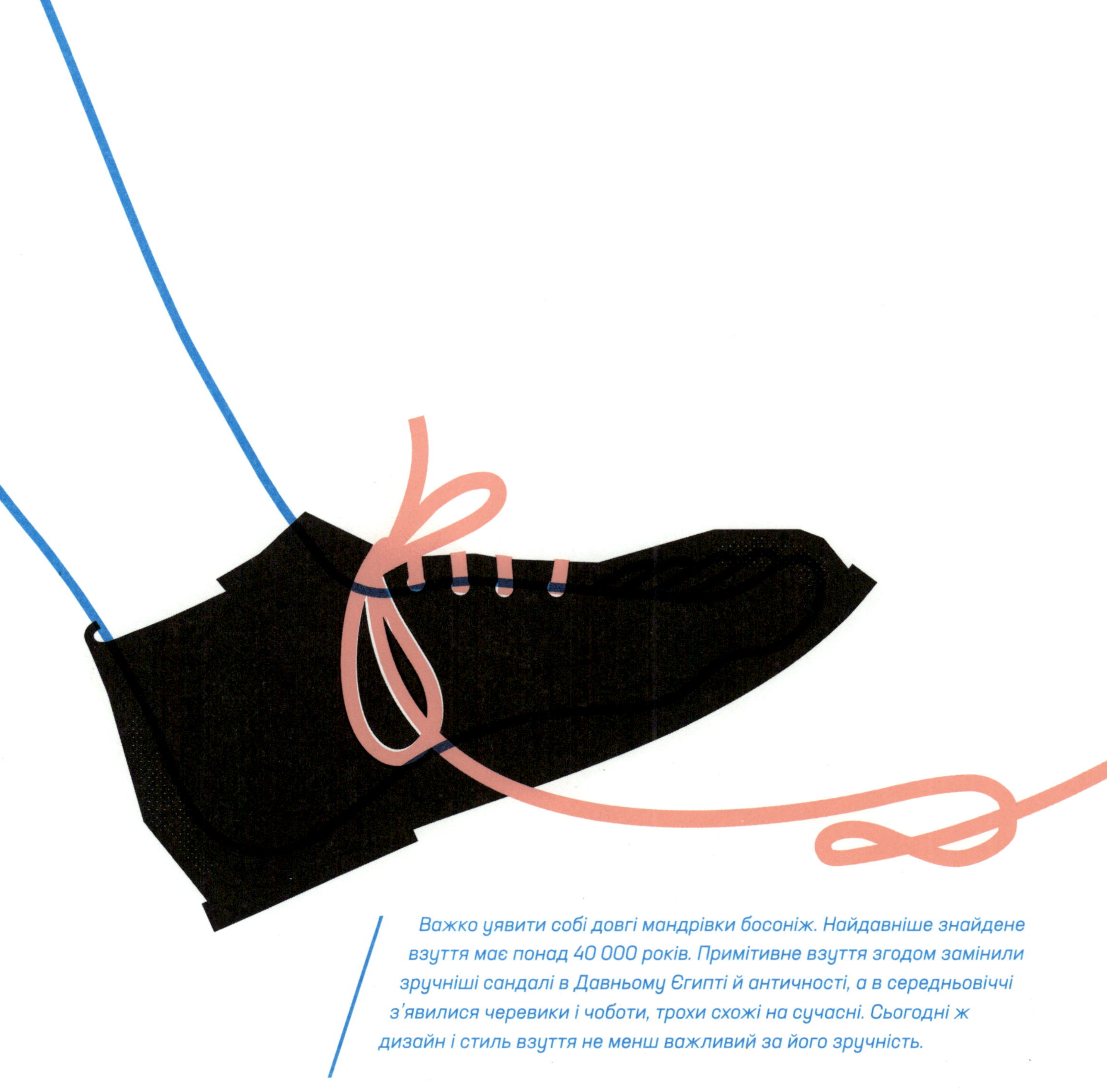

Важко уявити собі довгі мандрівки босоніж. Найдавніше знайдене взуття має понад 40 000 років. Примітивне взуття згодом замінили зручніші сандалі в Давньому Єгипті й античності, а в середньовіччі з'явилися черевики і чоботи, трохи схожі на сучасні. Сьогодні ж дизайн і стиль взуття не менш важливий за його зручність.

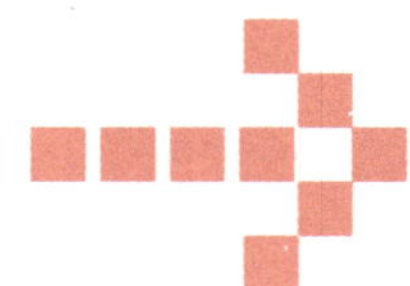

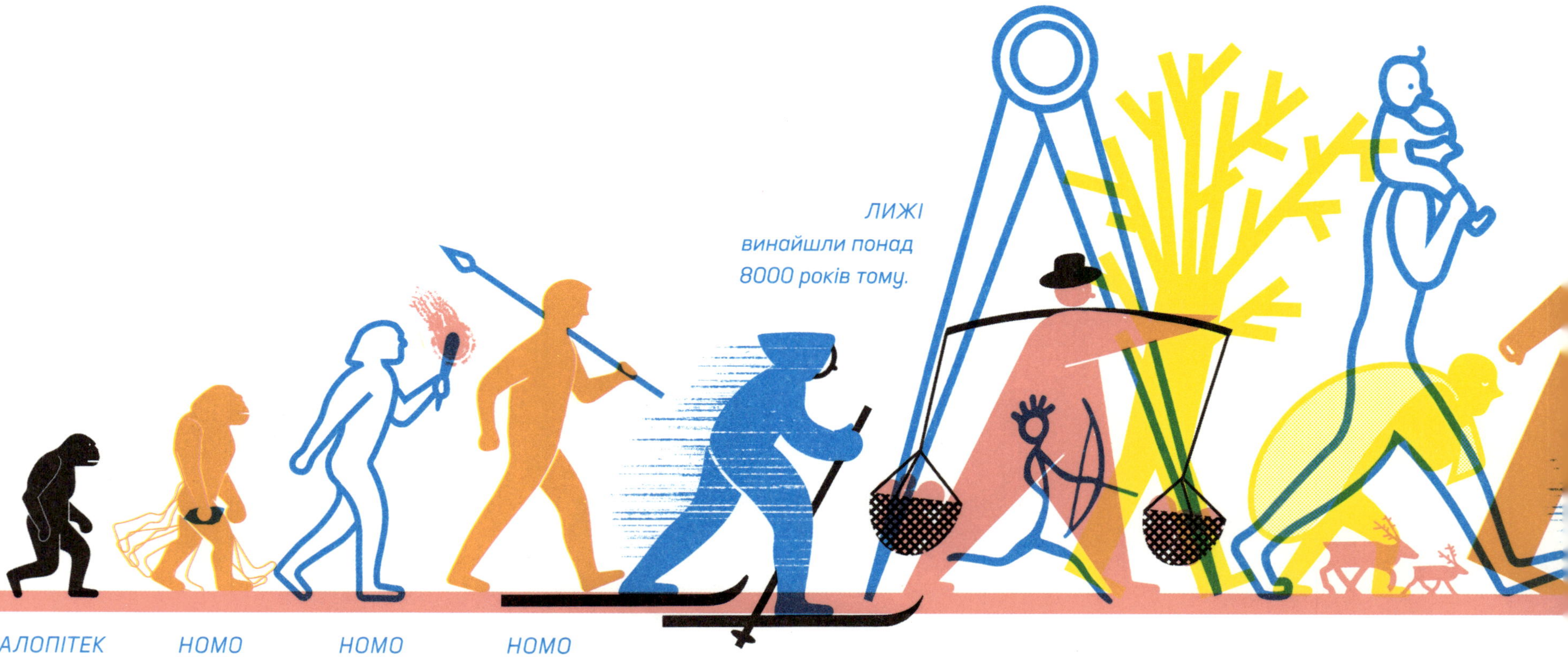

ЛИЖІ
винайшли понад
8000 років тому.

АВСТРАЛОПІТЕК
став на ноги і пішов
4 мільйони років тому.

HOMO
HABILIS

HOMO
ERECTUS

HOMO
SAPIENS

КРОК ЗА КРОКОМ НАША ПОДОРОЖ ТРИВАЄ ТИСЯЧІ РОКІВ.

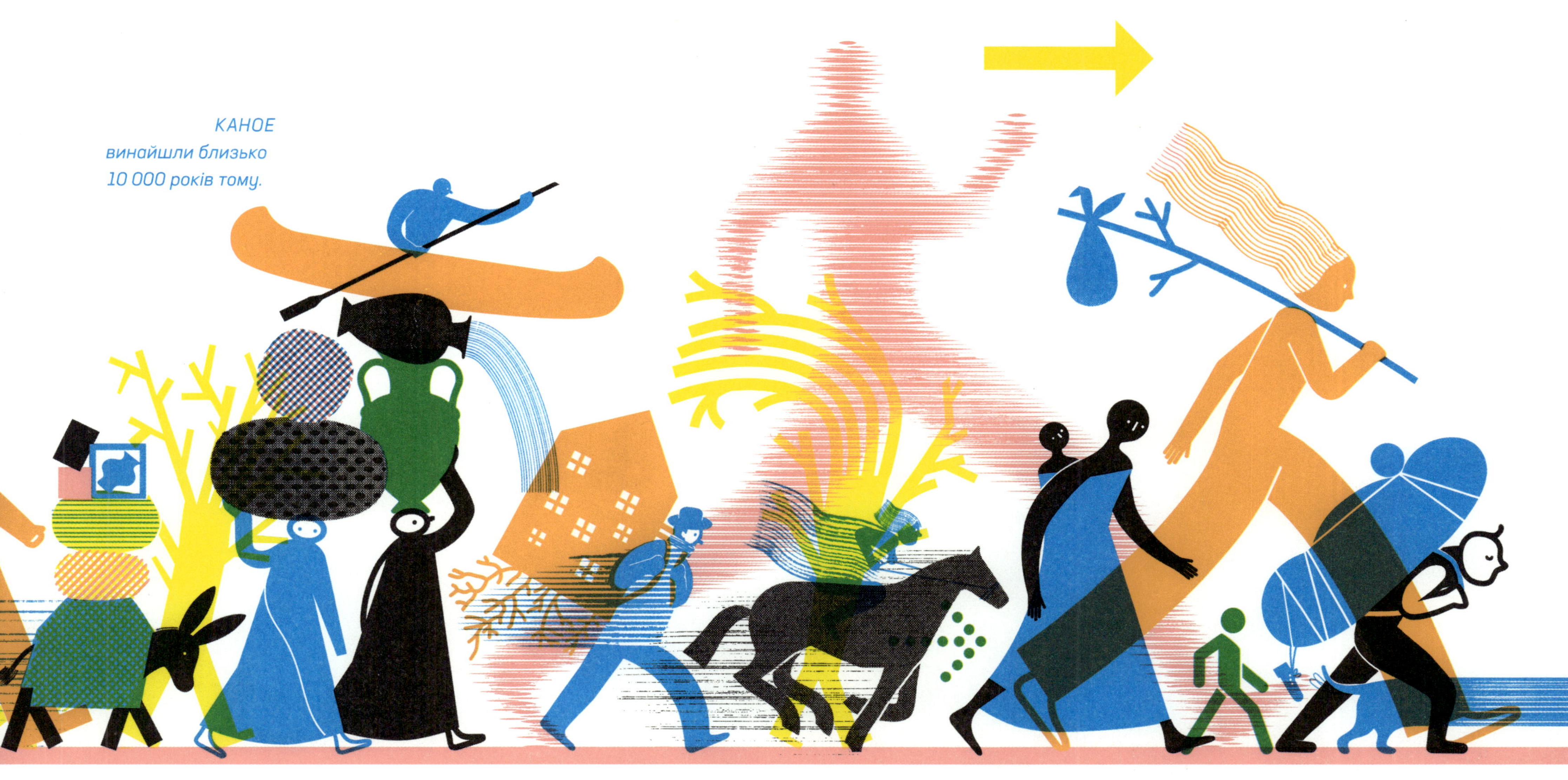


Батьківщиною людства є Африка, там люди розвинулися і провели більшість часу свого перебування на Землі. Сучасні люди (homo sapiens) почали мігрувати з Африки на інші континенти близько 120 000 років тому, а за новими дослідженнями – можливо, і ще раніше.

Давні люди мандрували з різних причин, таких як зміни клімату, природні катастрофи чи нестача їжі.

НОМАД, або КОЧІВНИК той, хто рухається від одного місця до іншого і не має постійного житла.

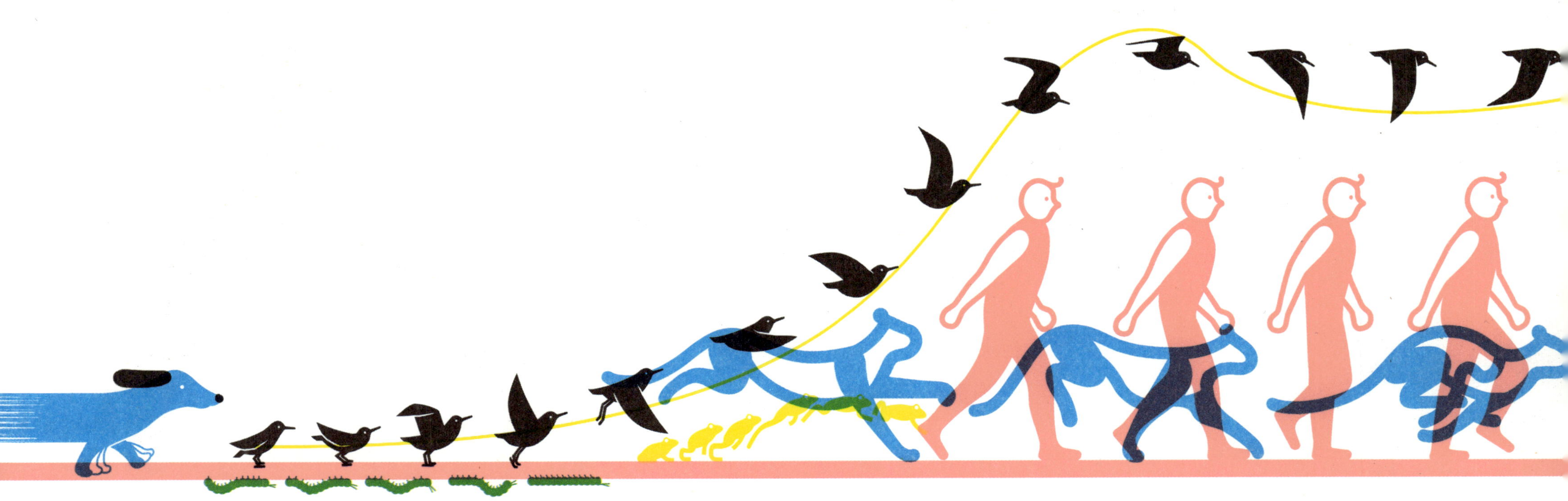

*НА ДВОХ, НА ЧОТИРЬОХ, НА СОРОКÁ.*

*ЗЕМЛЕЮ, ВОДОЮ, ПОВІТРЯМ.*

*У Всесвіті нічого не перебуває у стані повного спокою. Рух є природним, Земля, вода на ній, атмосфера і навіть континенти перебувають у безперервному русі. Зрештою, увесь Всесвіт постійно розширюється.*

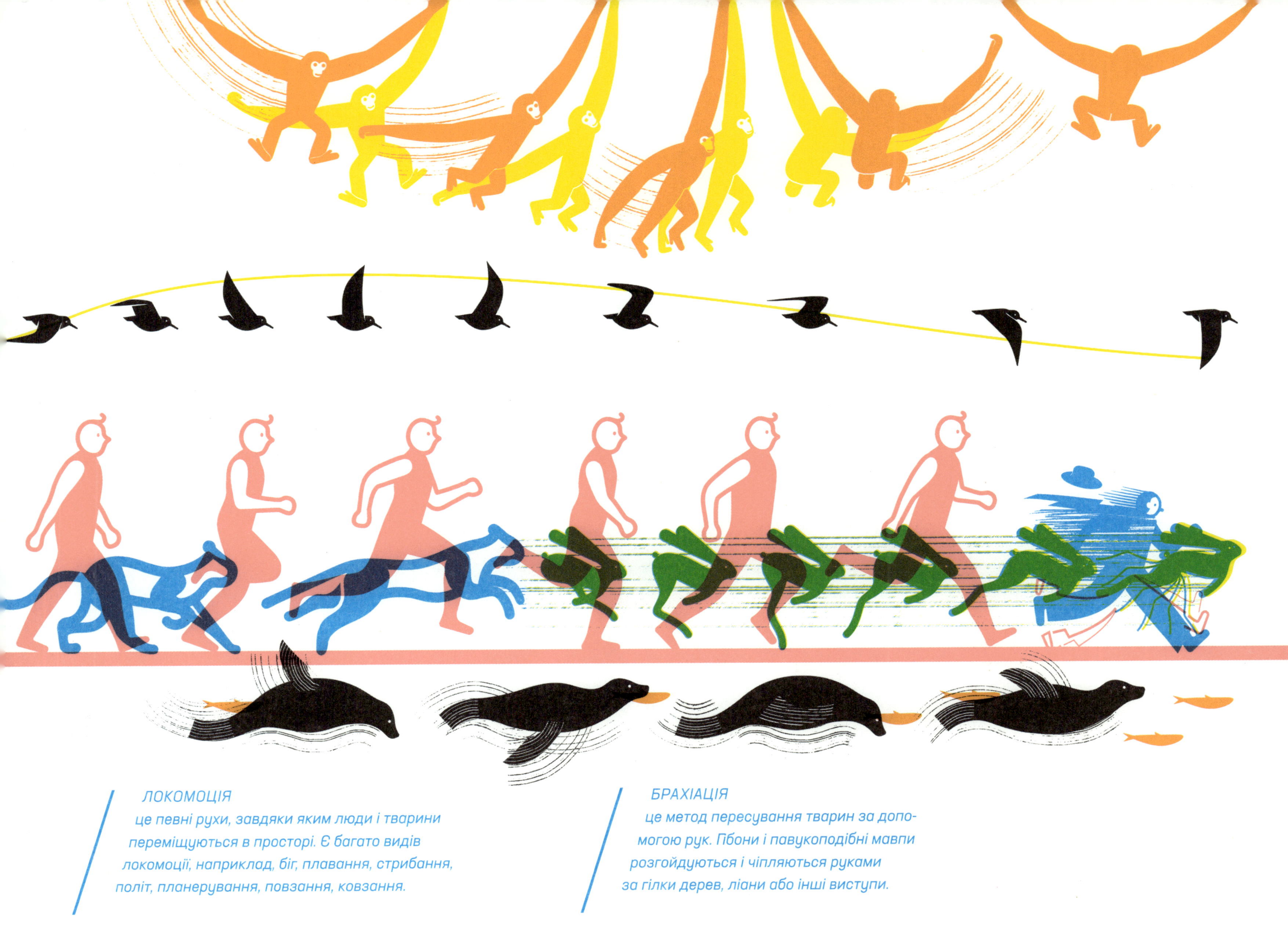

ЛОКОМОЦІЯ

це певні рухи, завдяки яким люди і тварини переміщуються в просторі. Є багато видів локомоції, наприклад, біг, плавання, стрибання, політ, планерування, повзання, ковзання.

БРАХІАЦІЯ

це метод пересування тварин за допомогою рук. Гібони і павукоподібні мавпи розгойдуються і чіпляються руками за гілки дерев, ліани або інші виступи.

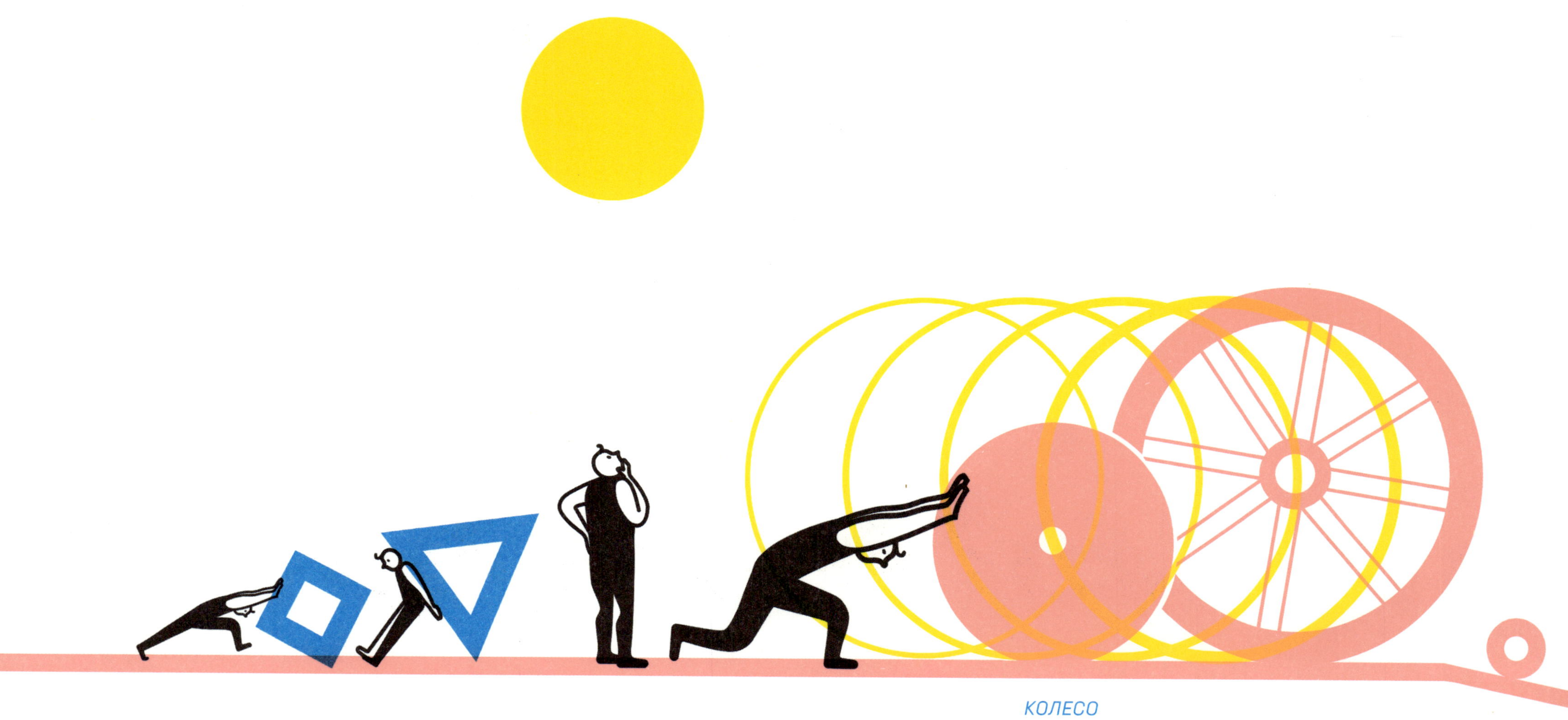



ВТОМИЛИСЯ ПІШКИ? ТОДІ ПОЇХАЛИ!

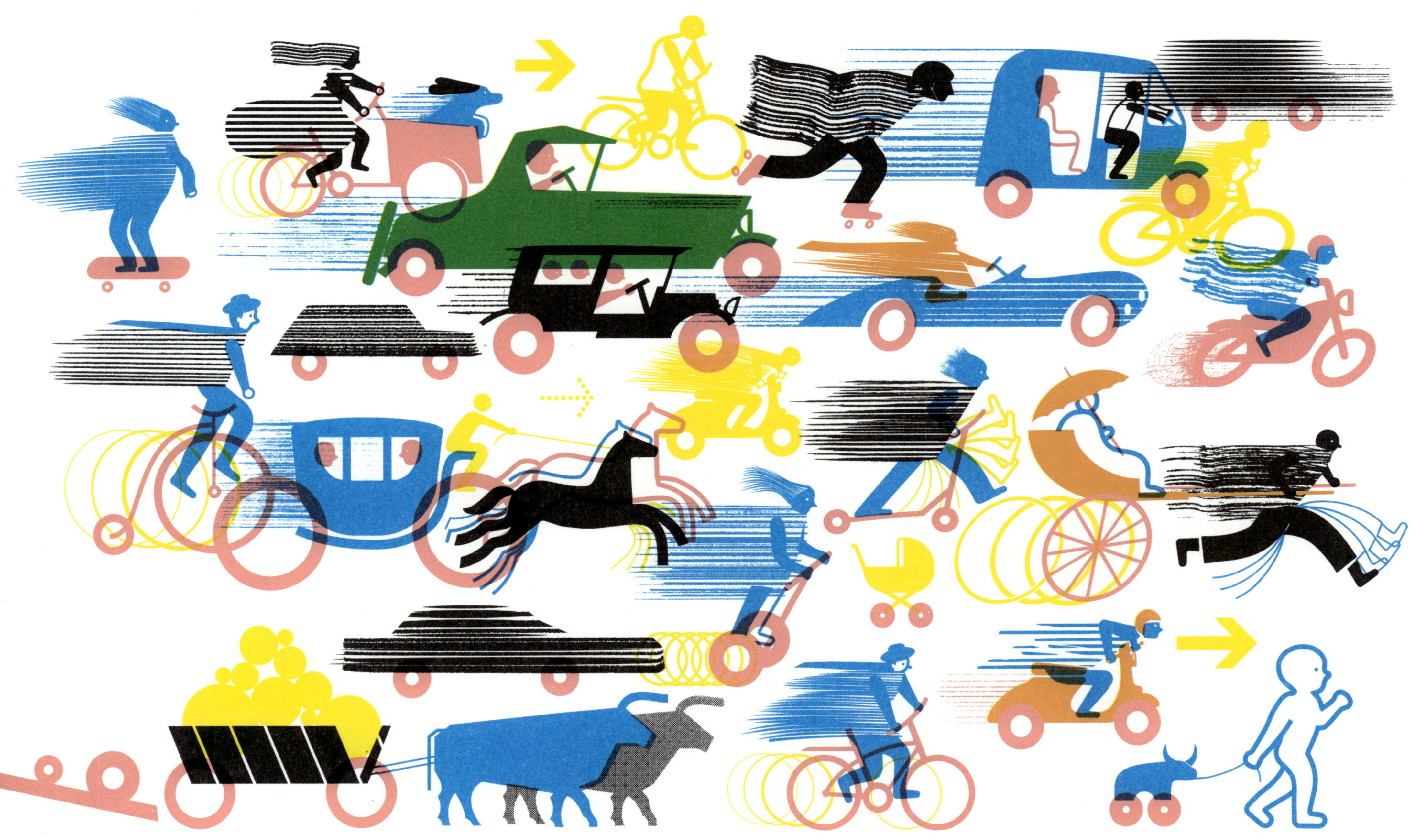

Винайдення колеса і колісного транспорту зробило подорожі легшими, швидшими і дальшими. Найдавніші зображення колеса походять з території Близького Сходу і Східної Європи.

ВЕЛОСИПЕД

найпоширеніший на сьогодні транспортний засіб. Винайдено 1817 року, коли німецький барон Карл Дрез виготовив «дерев'яного коня» на двох колесах. Цей виріб було запатентовано із назвою «дрезина», за іменем винахідника.

ШОВКОВИЙ ШЛЯХ
найвідоміша мережа торгових шляхів з Китаю до Європи і Середземномор'я, яка існувала ще з 2 століття до н. е. Цими шляхами доставляли шовк, порцеляну, спеції, папір та багато інших товарів.

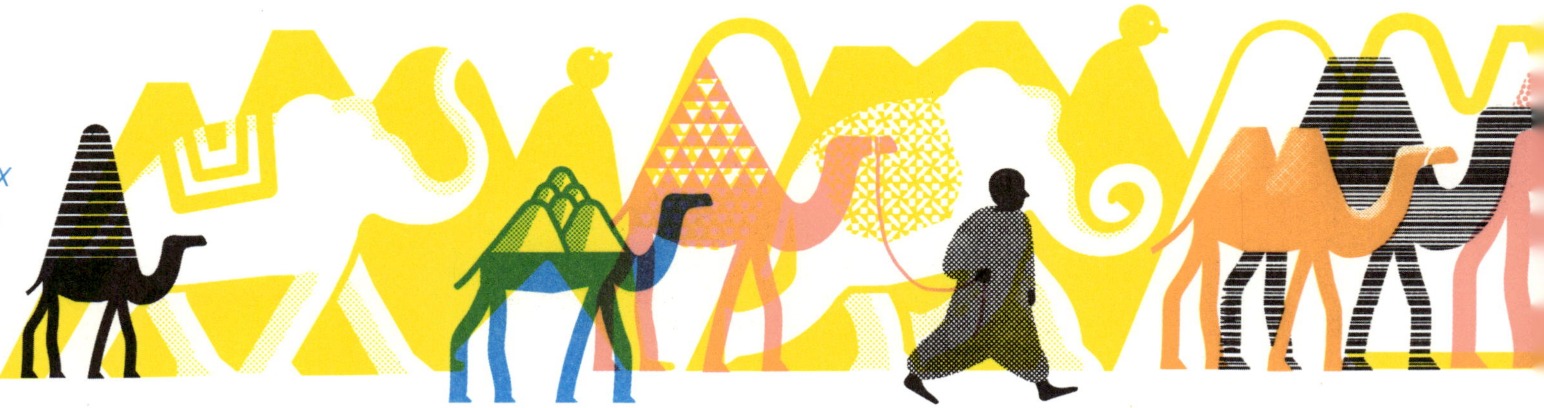

ВІЙСЬКОВІ ПОХОДИ
З найдавніших часів армії вирушали в походи з метою захопити нові території і підкорити народи. Очолювали походи полководці й військові лідери, найвідомішими серед яких були Жовтий імператор, Тутмос III, Александр Македонський, Ганнібал, Аттіла, Чингісхан, Наполеон Бонапарт та інші.

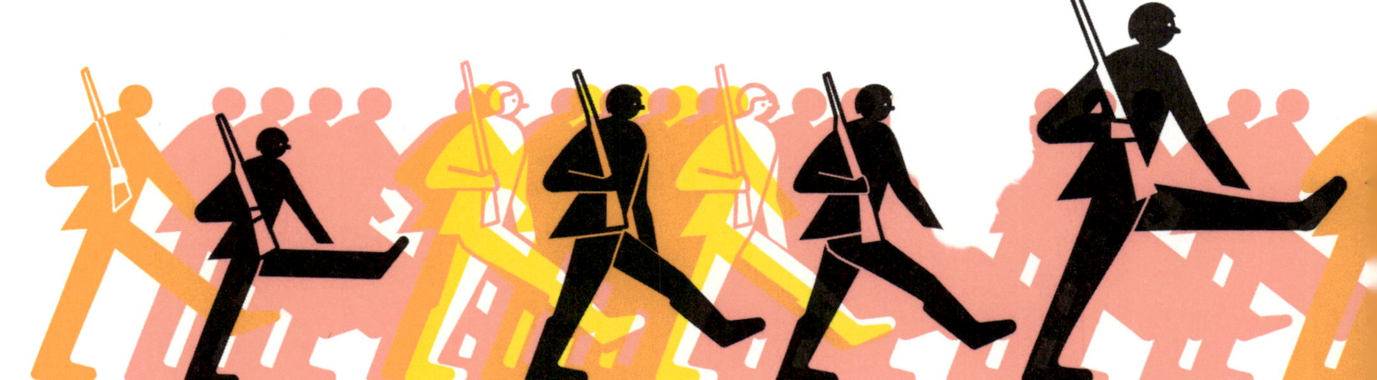

Люди вирушали в подорожі з різною метою, як-от торгувати, завойовувати, досліджувати нове і незнане.

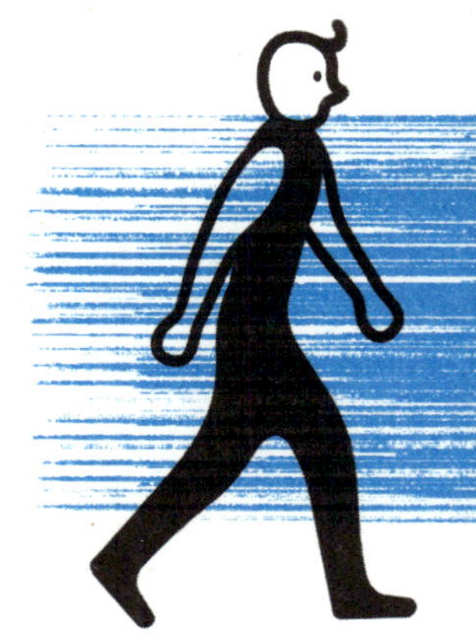

ЗА ГОРИ, ЗА МОРЯ, ЗА ГОРИЗОНТИ.

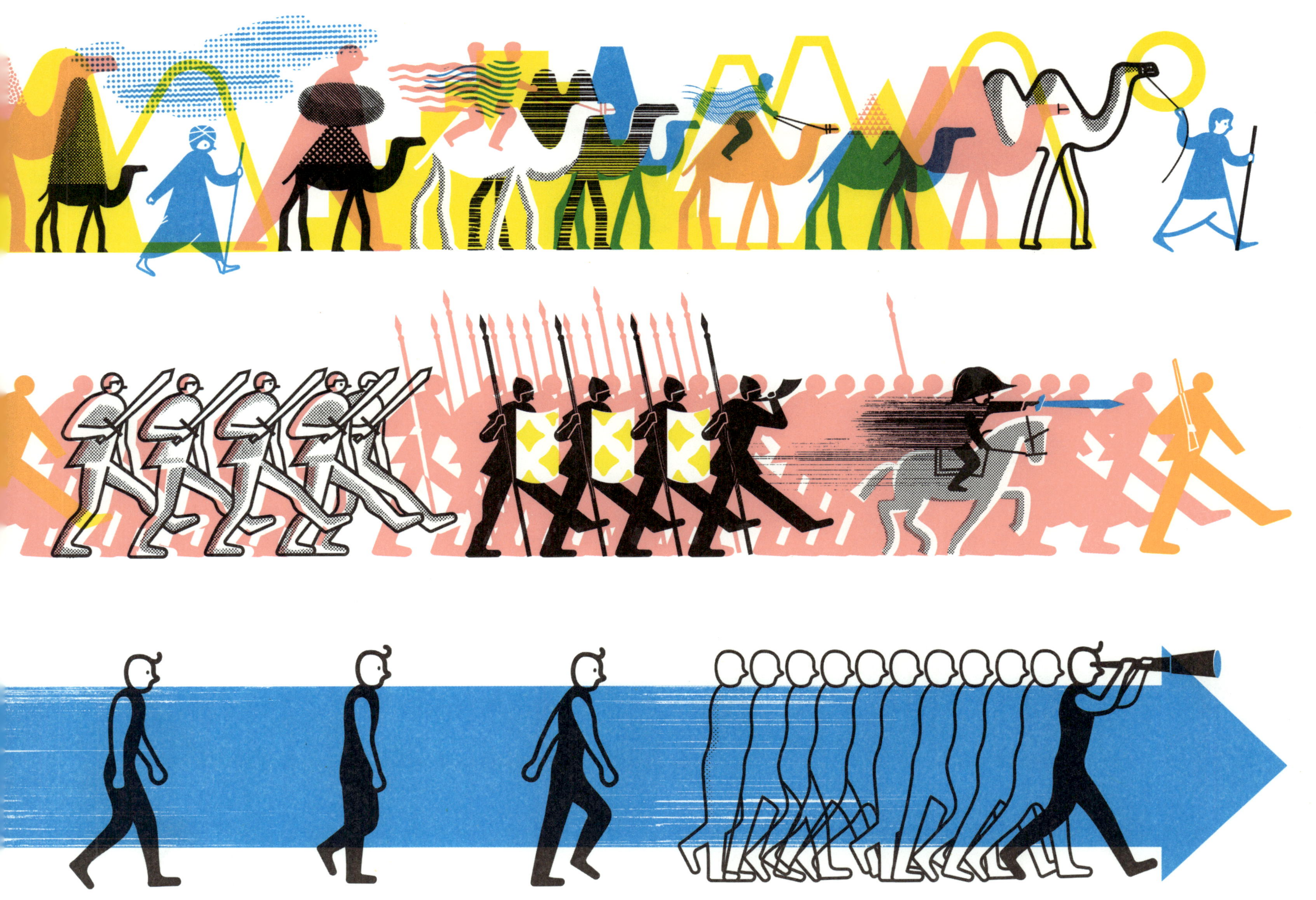

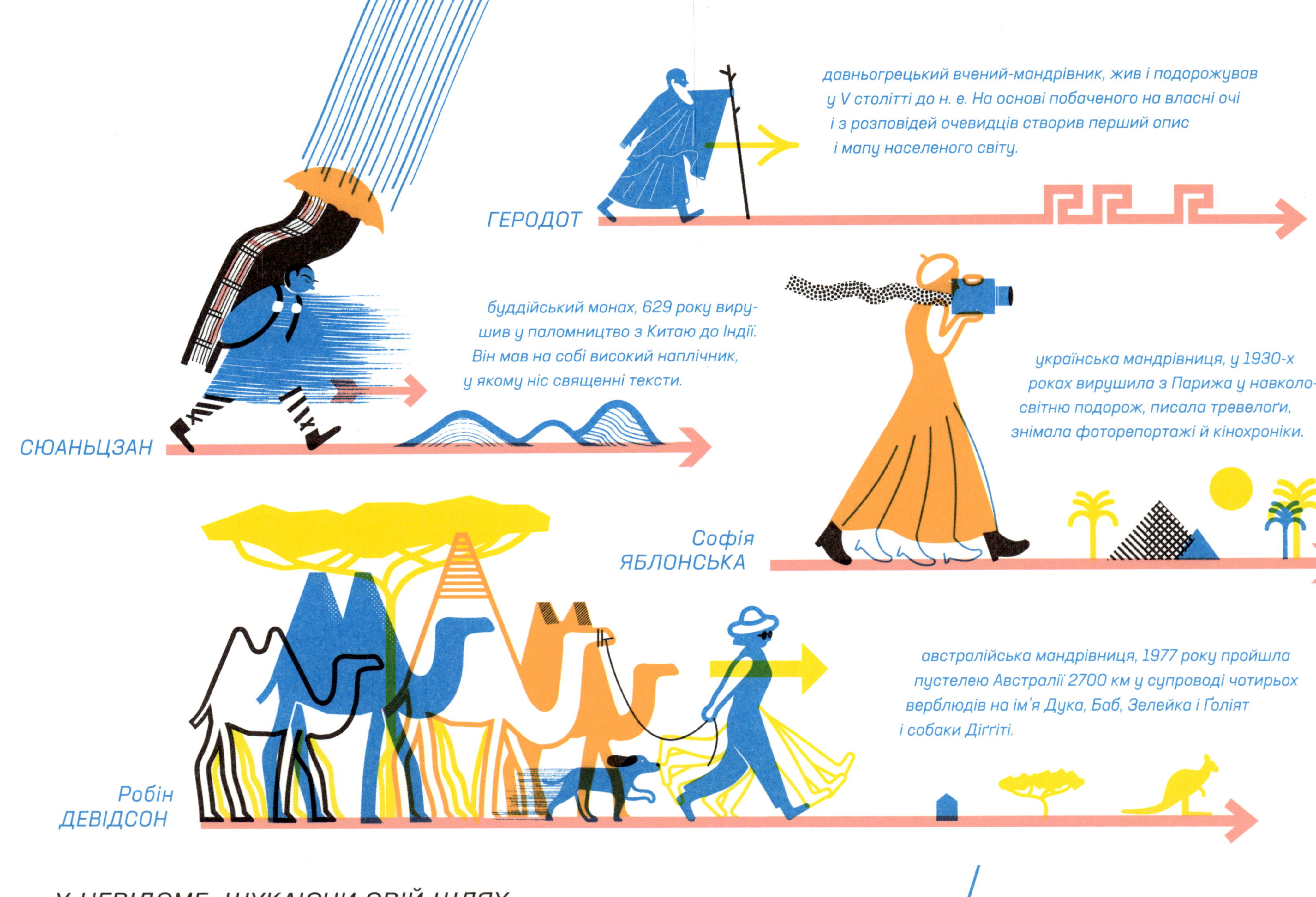


У НЕВІДОМЕ, ШУКАЮЧИ СВІЙ ШЛЯХ.

**ЕКСПЕДИЦІЯ**
похід з метою наукових відкриттів,
пошуку і збору інформації.

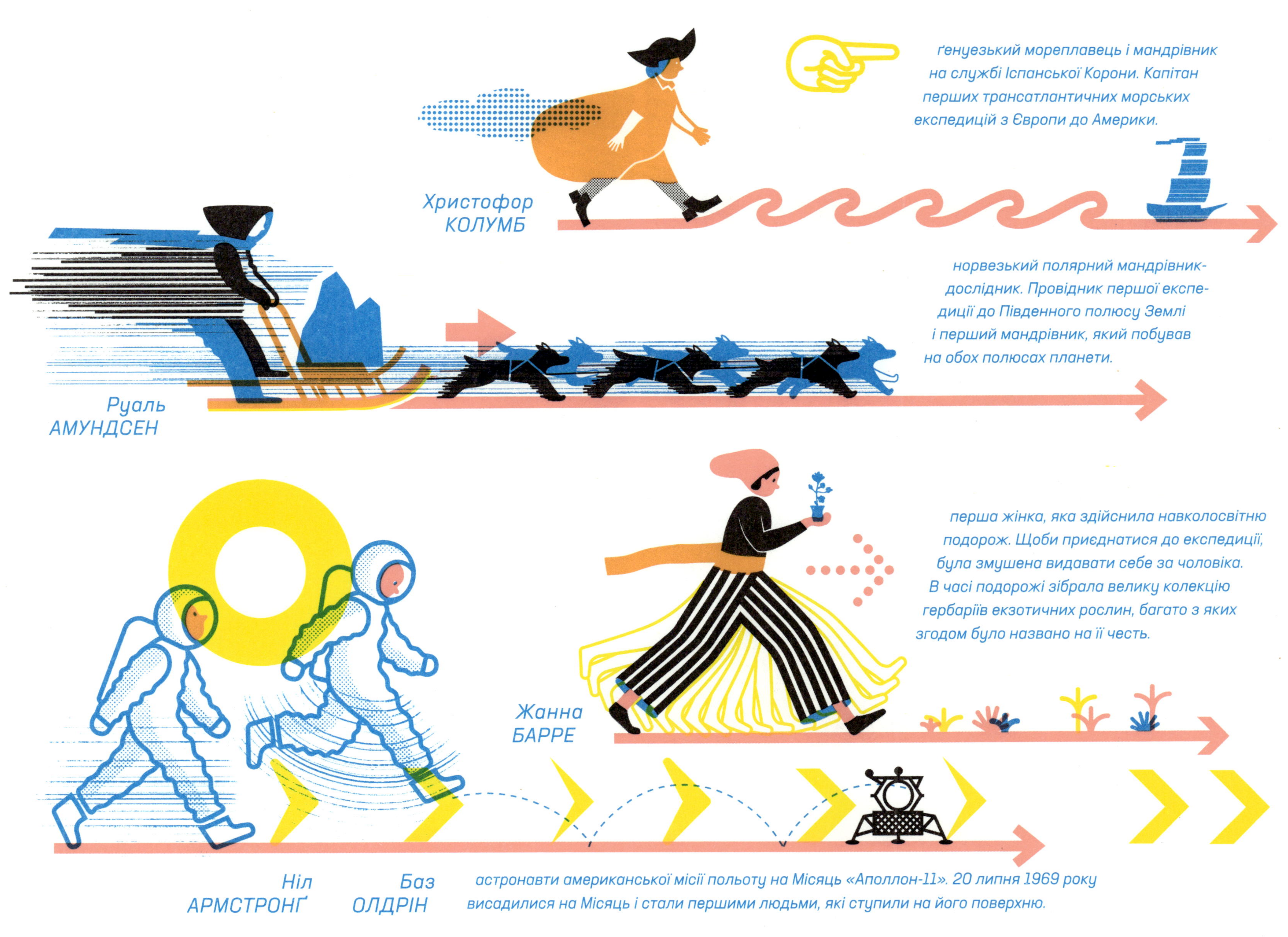

Христофор
КОЛУМБ
ґенуезький мореплавець і мандрівник на службі Іспанської Корони. Капітан перших трансатлантичних морських експедицій з Європи до Америки.
Руаль
АМУНДСЕН
норвезький полярний мандрівник-дослідник. Провідник першої експедиції до Південного полюсу Землі і перший мандрівник, який побував на обох полюсах планети.
Жанна
БАРРЕ
перша жінка, яка здійснила навколосвітню подорож. Щоби приєднатися до експедиції, була змушена видавати себе за чоловіка. В часі подорожі зібрала велику колекцію гербаріїв екзотичних рослин, багато з яких згодом було названо на її честь.
Ніл
АРМСТРОНҐ
Баз
ОЛДРІН
астронавти американської місії польоту на Місяць «Аполлон-11». 20 липня 1969 року висадилися на Місяць і стали першими людьми, які ступили на його поверхню.

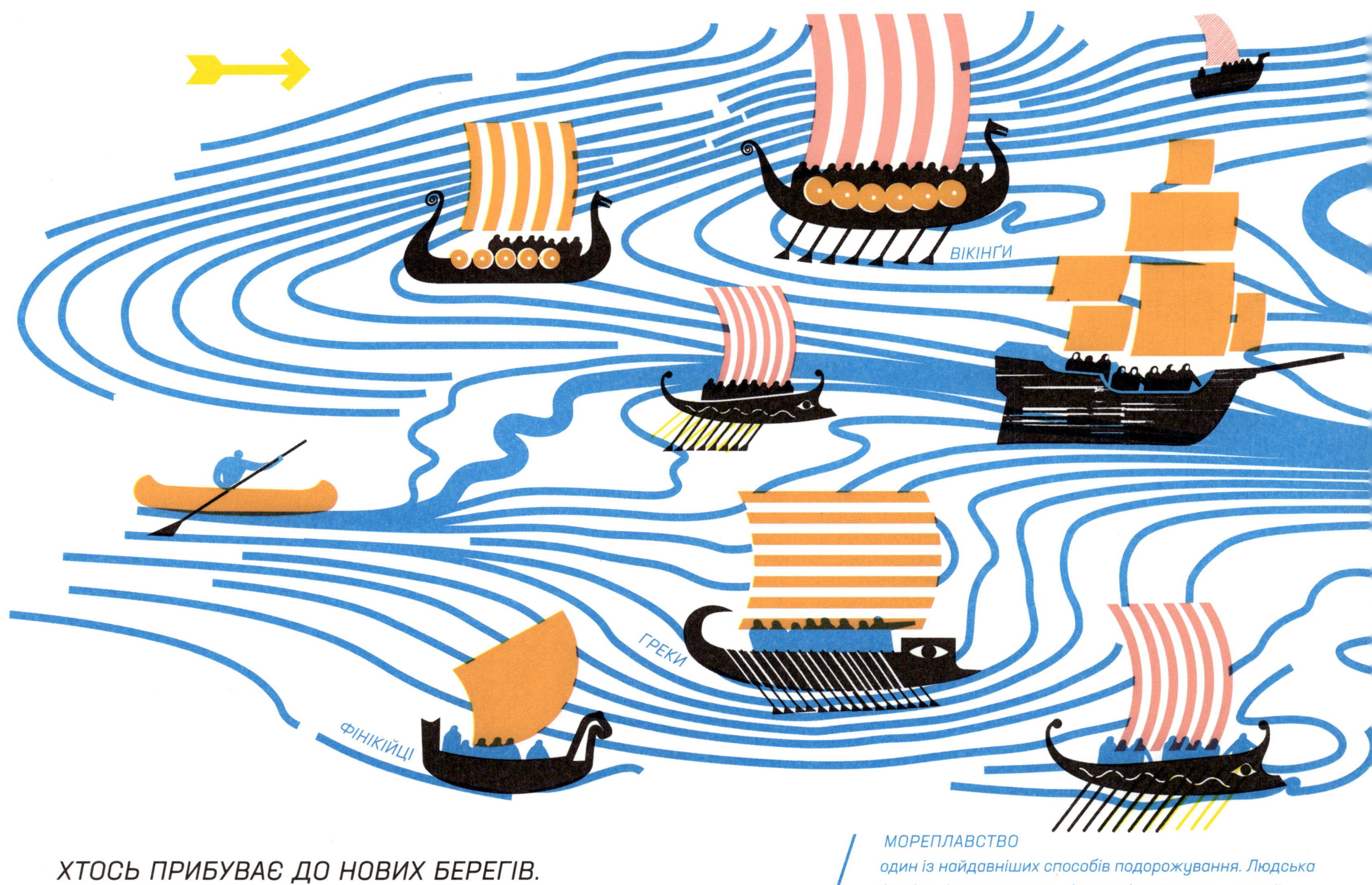


ХТОСЬ ПРИБУВАЄ ДО НОВИХ БЕРЕГІВ.

МОРЕПЛАВСТВО

один із найдавніших способів подорожування. Людська цікавість і прагнення до відкриттів спонукали людей виходити у небезпечні і тривалі морські походи. У мореплавстві зародилася і розвинулася навігація.

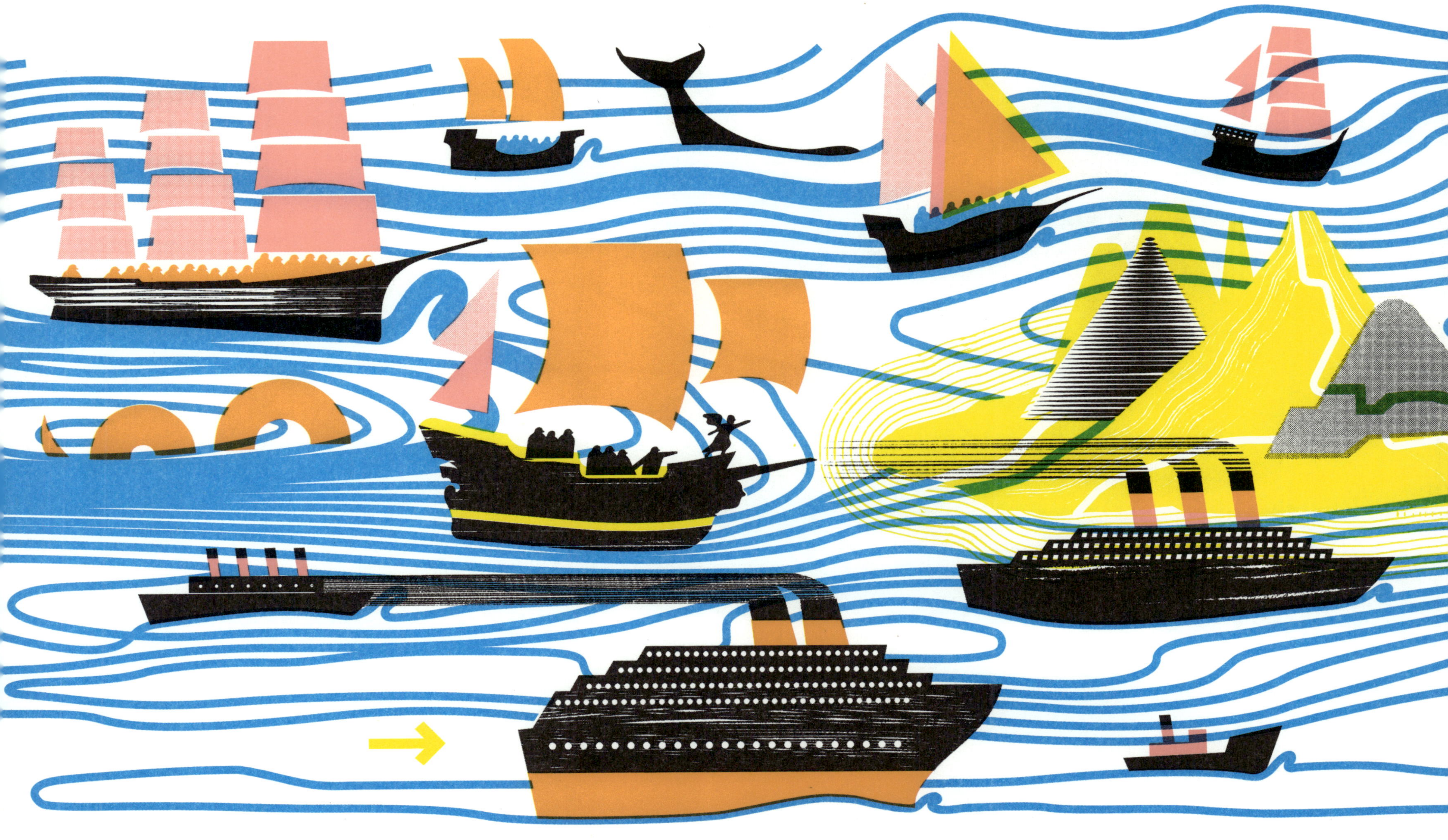

ФІНІКІЙЦІ, КАРФАГЕНЯНИ, ГРЕКИ були вправними моряками на Середземномор'ї ще з II тисячоліття до н. е.

ВІКІНГИ були неперевершеними мореплавцями і першовідкривачами. 985 року Б'ярні Герйольфсон на кораблі дістався берегів Північної Америки, а 1001 року Лейф Еріксон став першим європейцем, що ступив на її землі. Еріксон назвав ці землі Вінланд.

ВЕЛИКІ ГЕОГРАФІЧНІ ВІДКРИТТЯ період в історії від середини XV до XVII століття, коли європейські мореплавці відкривали морські шляхи до нових земель.

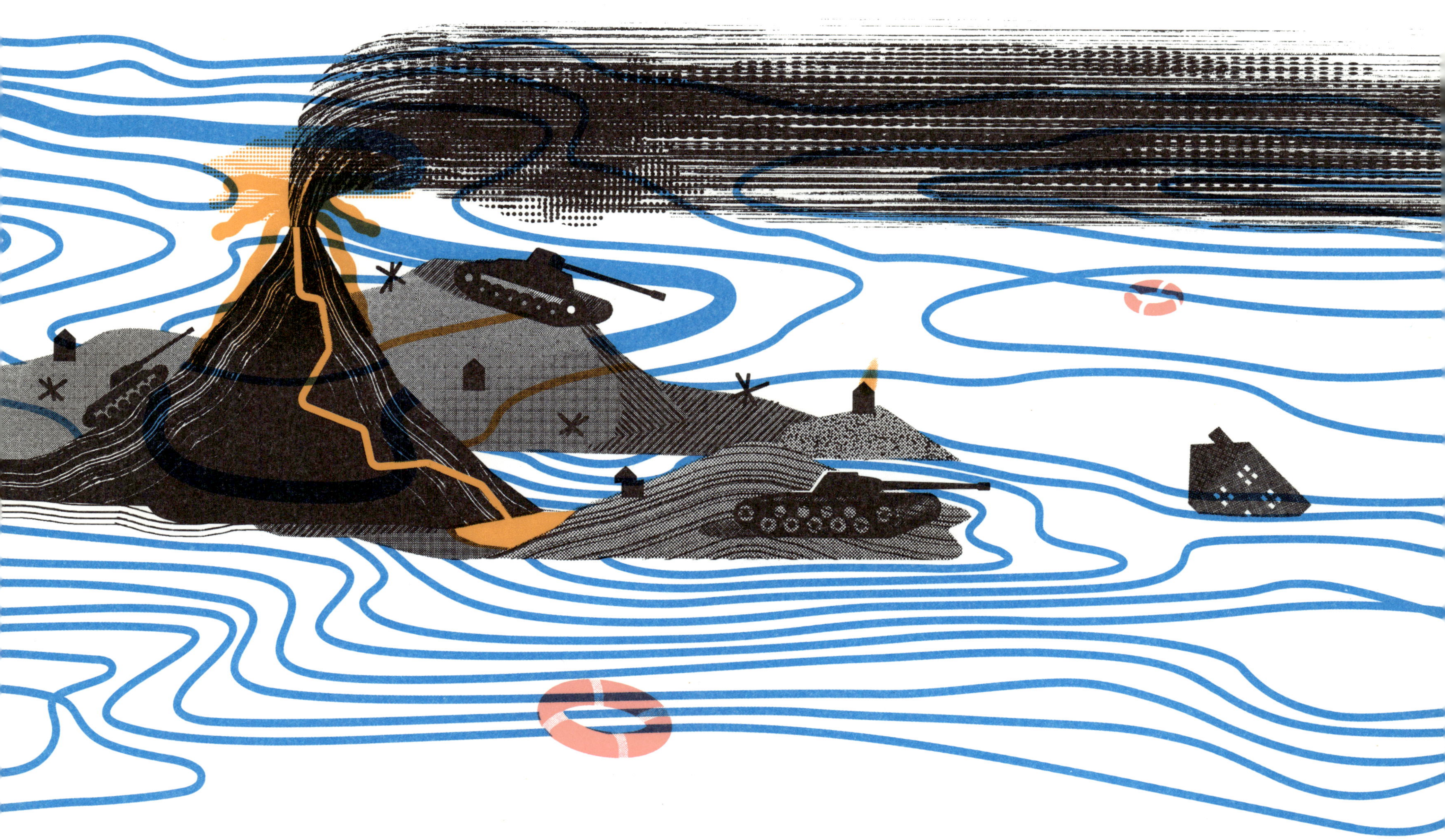

*А ХТОСЬ ВІДПЛИВАЄ, ПОКИДАЮЧИ РІДНІ ЗЕМЛІ.*

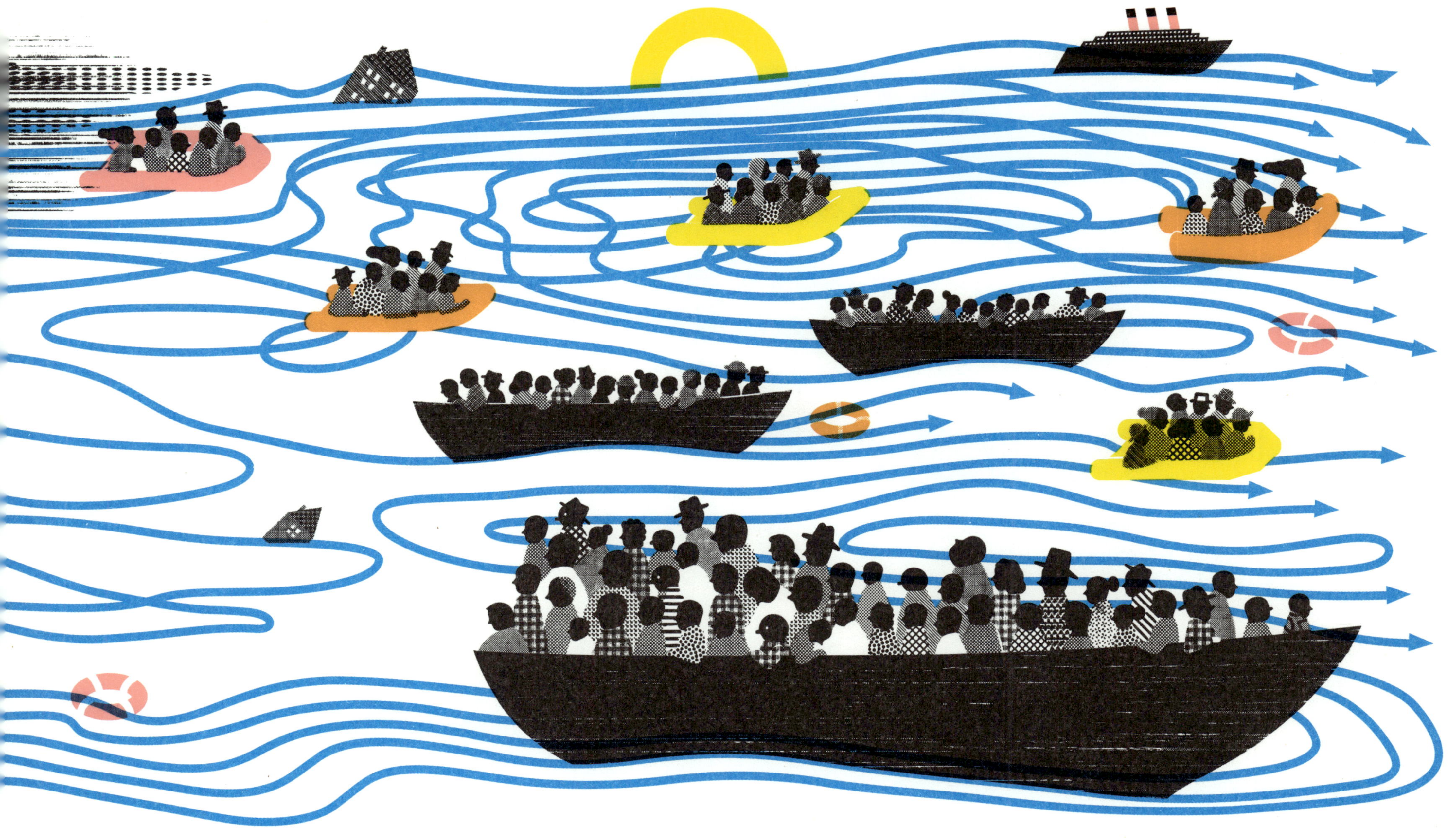

**МІГРАНТ**
той, хто проживає в чужій країні.

**БІЖЕНЕЦЬ**
той, хто покинув рідну країну через загрозу своєму життю.

**ВНУТРІШНЬО ПЕРЕМІЩЕНА ОСОБА**
той, хто залишається у своїй країні, але покинув рідний дім у результаті збройного конфлікту, окупації, порушень прав людини чи стихійного лиха.

МИ ПІРНУЛИ У НАЙГЛИБШУ БЕЗОДНЮ
І ЗІЙШЛИ НА ВЕРШИНУ СВІТУ.

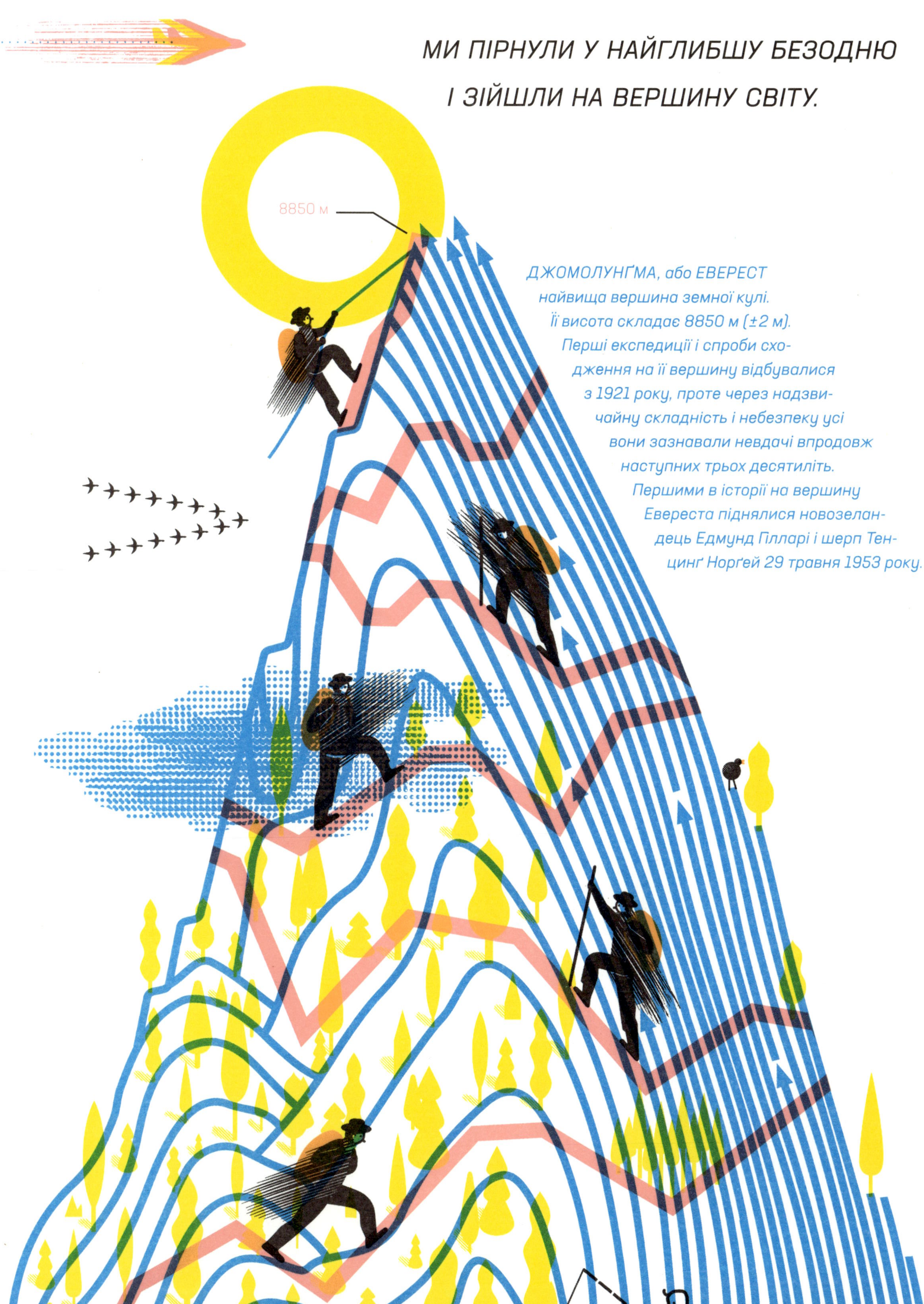


*ДЖОМОЛУНҐМА, або ЕВЕРЕСТ найвища вершина земної кулі. Її висота складає 8850 м (±2 м). Перші експедиції і спроби сходження на її вершину відбувалися з 1921 року, проте через надзвичайну складність і небезпеку усі вони зазнавали невдачі впродовж наступних трьох десятиліть. Першими в історії на вершину Евереста піднялися новозеландець Едмунд Гілларі і шерп Тенцинґ Норґей 29 травня 1953 року.*

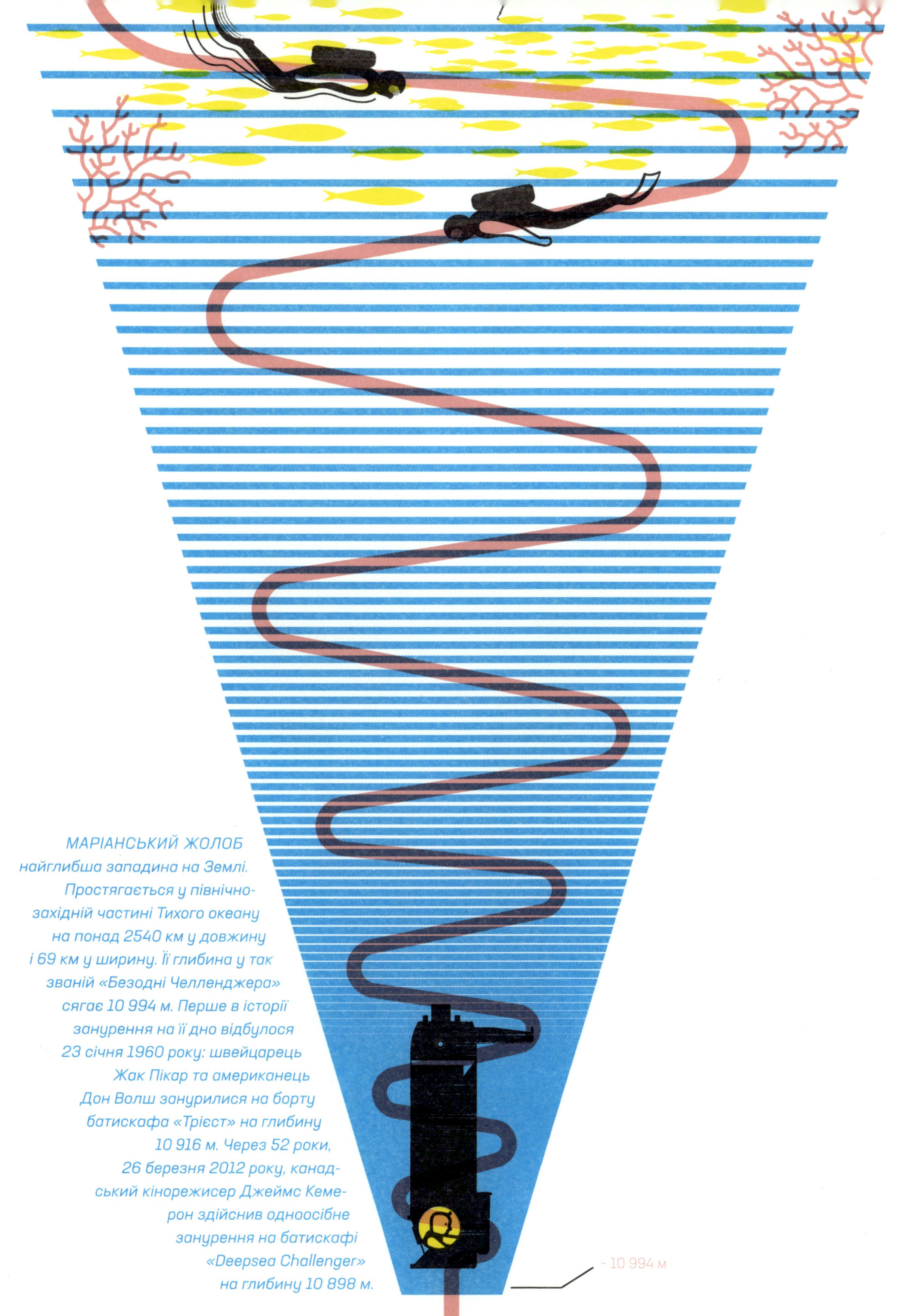


*МАРІАНСЬКИЙ ЖОЛОБ найглибша западина на Землі. Простягається у північно-західній частині Тихого океану на понад 2540 км у довжину і 69 км у ширину. Її глибина у так званій «Безодні Челленджера» сягає 10 994 м. Перше в історії занурення на її дно відбулося 23 січня 1960 року: швейцарець Жак Пікар та американець Дон Волш занурилися на борту батискафа «Трієст» на глибину 10 916 м. Через 52 роки, 26 березня 2012 року, канадський кінорежисер Джеймс Камерон здійснив одноосібне занурення на батискафі «Deepsea Challenger» на глибину 10 898 м.*

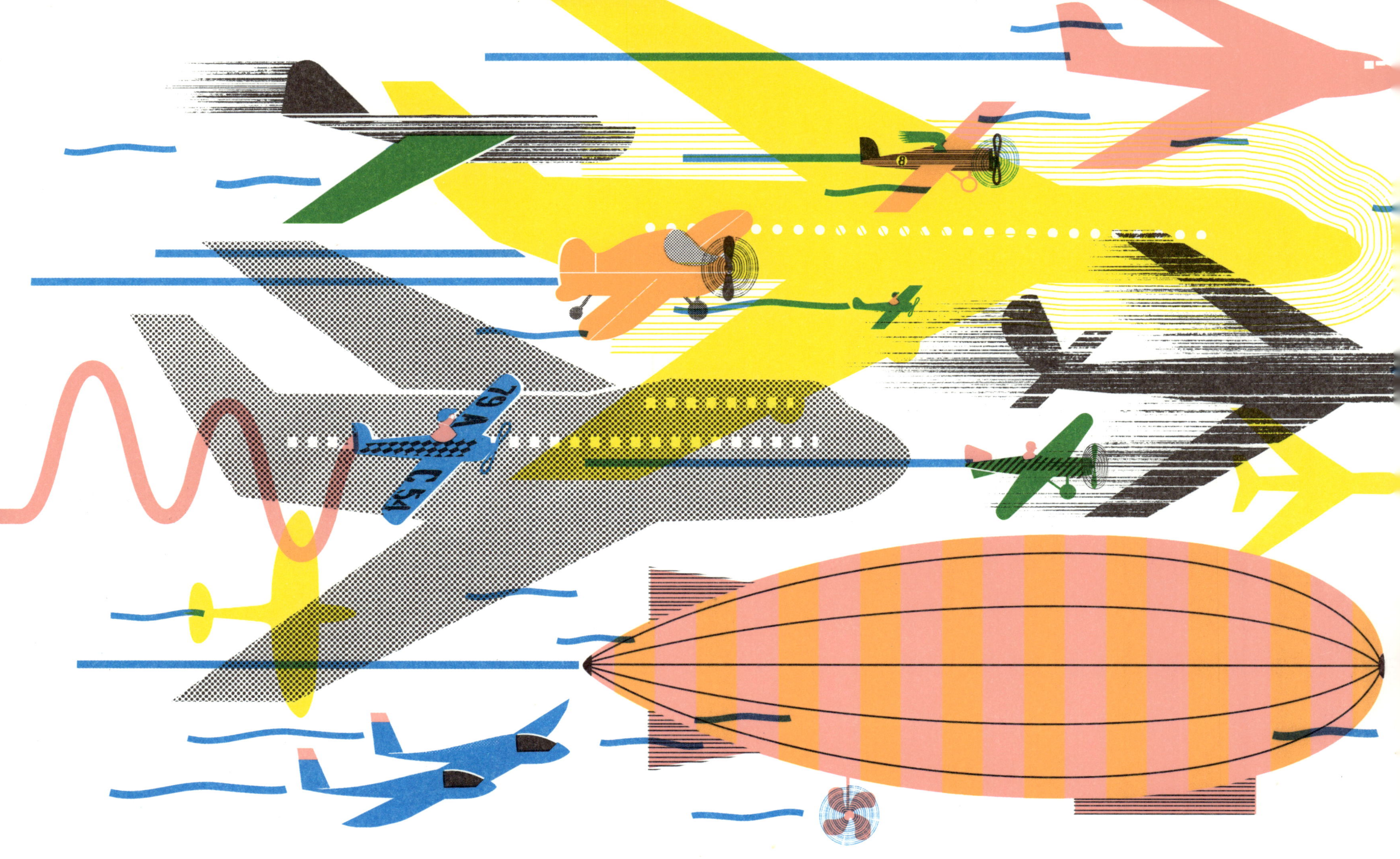


ЗДІЙНЯЛИСЯ В НЕБО І ДІСТАЛИСЯ НАЙВІДДАЛЕНІШИХ КУТОЧКІВ ПЛАНЕТИ.

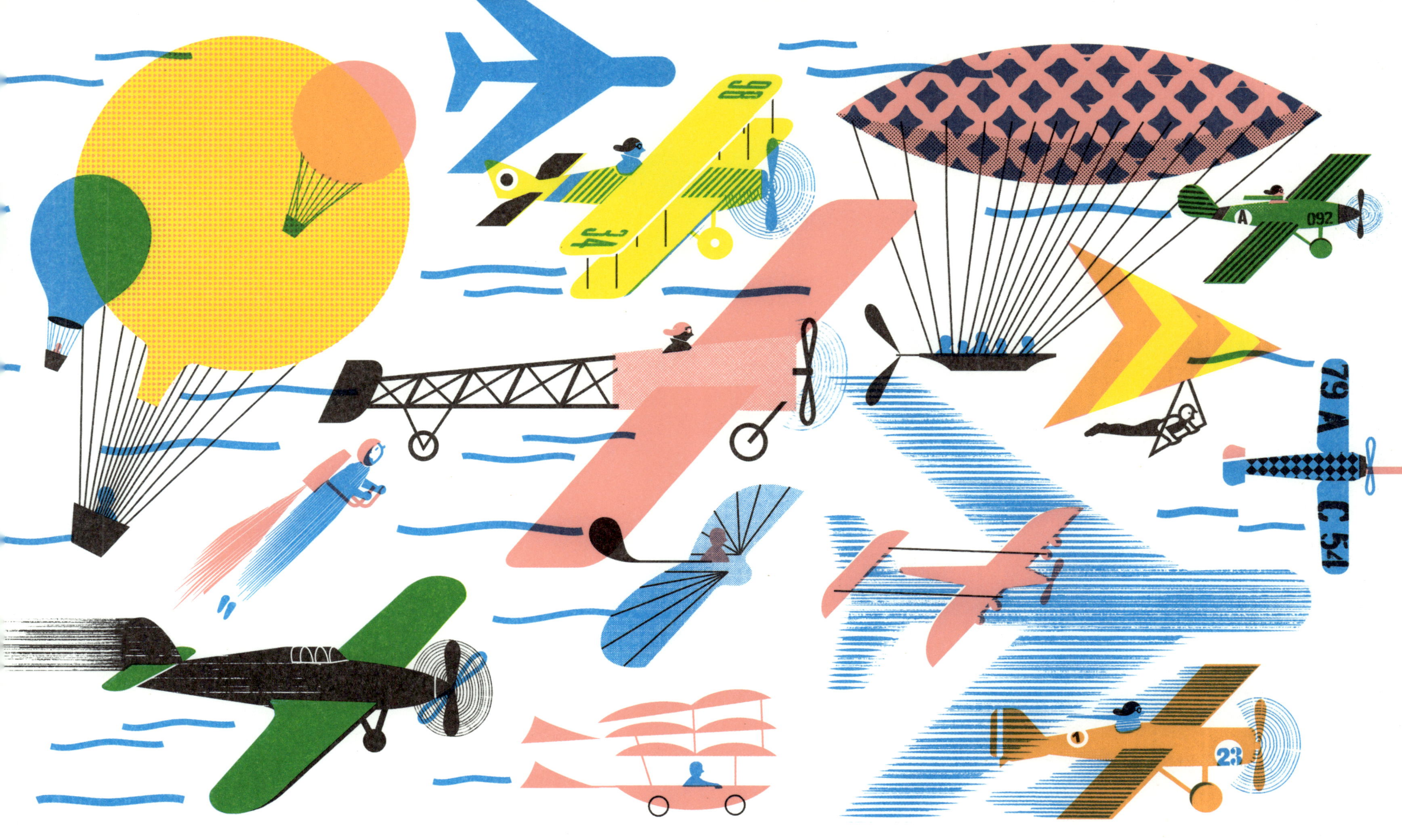


*ПЕРШИЙ ПІЛОТОВАНИЙ ПОЛІТ на моторному аероплані здійснили брати Вілбер та Орвілл Райти 1903 року.*

*ПЕРШИЙ НАДЗВУКОВИЙ ПОЛІТ відбувся 1947 року. Американський пілот-випробувач Чак Єґер на літаку Bell X-1 вперше подолав швидкість звуку.*

*ПОЛІТ ІЗ ЗАХОДУ НА СХІД ВІДБУВАЄТЬСЯ ШВИДШЕ, ніж політ на таку ж дистанцію зі сходу на захід. Земля обертається навколо осі від заходу на схід, а разом із нею рухається і земна атмосфера. Літак, який летить на захід, мусить долати опір повітря, що рухається на схід, тому його політ триває довше. Це як іти проти вітру – складніше, ніж коли він дме нам у спину.*

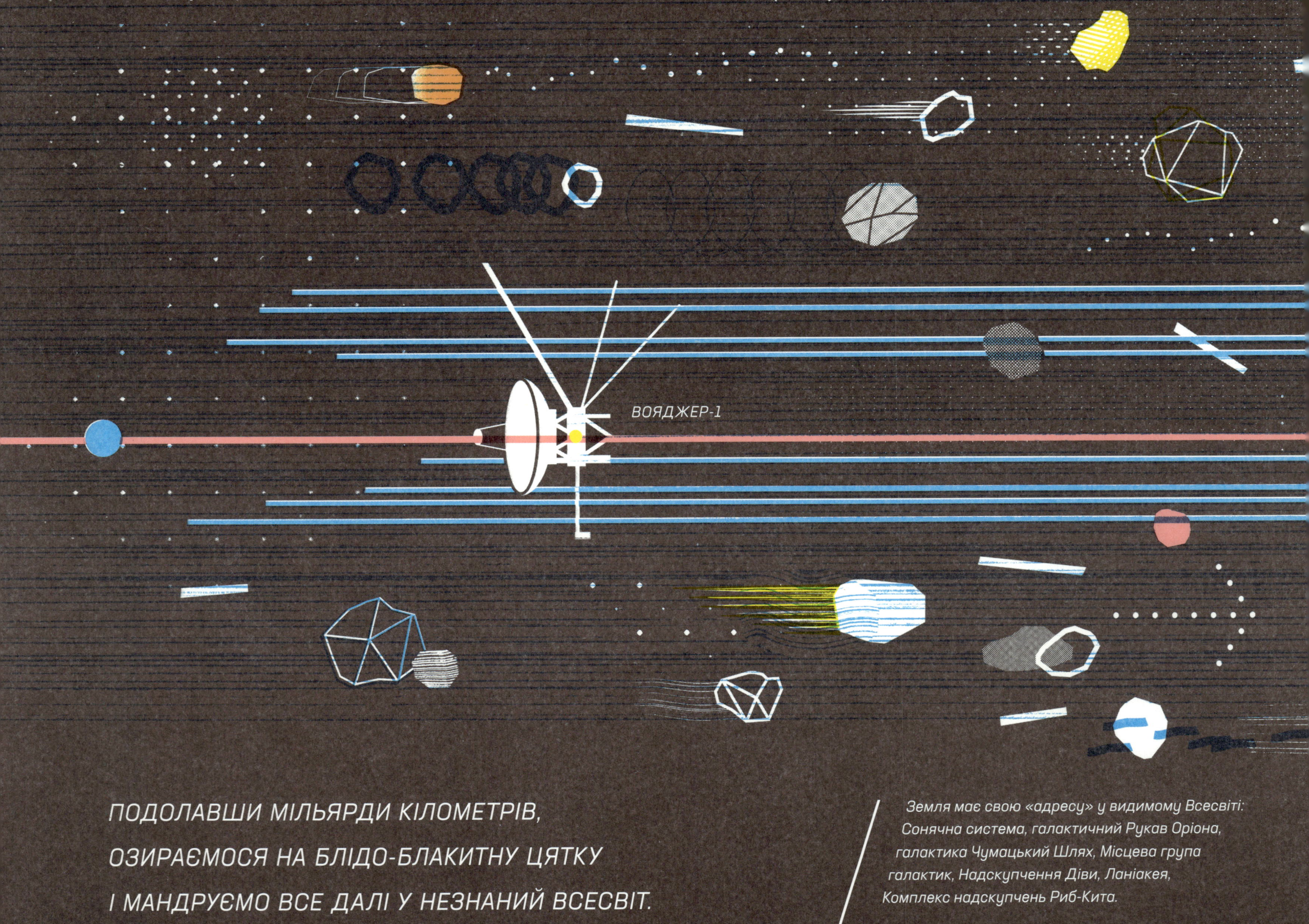


ПОДОЛАВШИ МІЛЬЯРДИ КІЛОМЕТРІВ,
ОЗИРАЄМОСЯ НА БЛІДО-БЛАКИТНУ ЦЯТКУ
І МАНДРУЄМО ВСЕ ДАЛІ У НЕЗНАНИЙ ВСЕСВІТ.

*Земля має свою «адресу» у видимому Всесвіті: Сонячна система, галактичний Рукав Оріона, галактика Чумацький Шлях, Місцева група галактик, Надскупчення Діви, Ланіакея, Комплекс надскупчень Риб-Кита.*

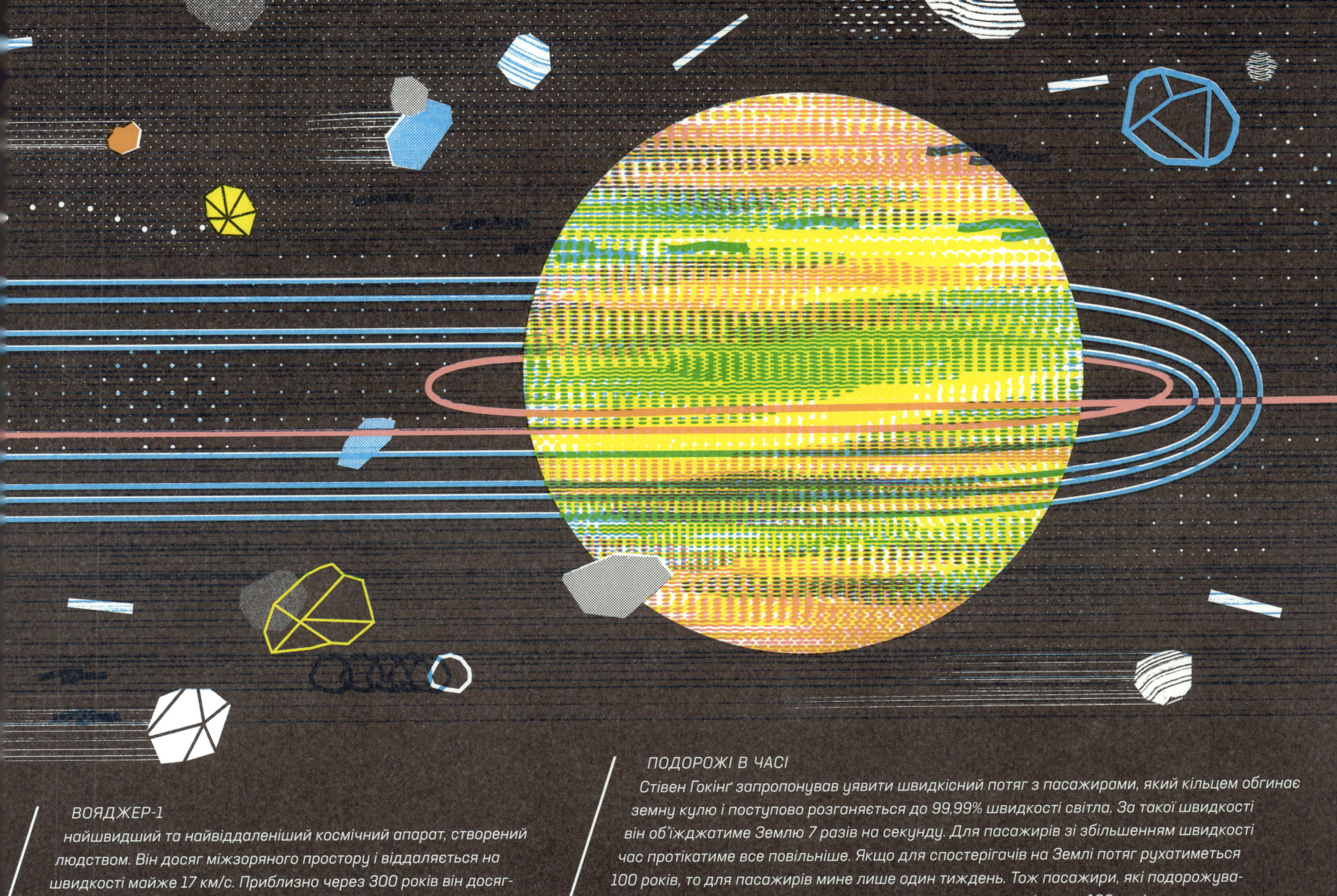

ВОЯДЖЕР-1

найшвидший та найвіддаленіший космічний апарат, створений людством. Він досяг міжзоряного простору і віддаляється на швидкості майже 17 км/с. Приблизно через 300 років він досягне Хмари Оорта, а потім і далі мандруватиме – можливо, вічно.

ПОДОРОЖІ В ЧАСІ

Стівен Гокінґ запропонував уявити швидкісний потяг з пасажирами, який кільцем обгинає земну кулю і поступово розганяється до 99,99% швидкості світла. За такої швидкості він об'їжджатиме Землю 7 разів на секунду. Для пасажирів зі збільшенням швидкості час протікатиме все повільніше. Якщо для спостерігачів на Землі потяг рухатиметься 100 років, то для пасажирів мине лише один тиждень. Тож пасажири, які подорожуватимуть потягом упродовж тижня, здійснять подорож у часі аж на 100 років уперед.

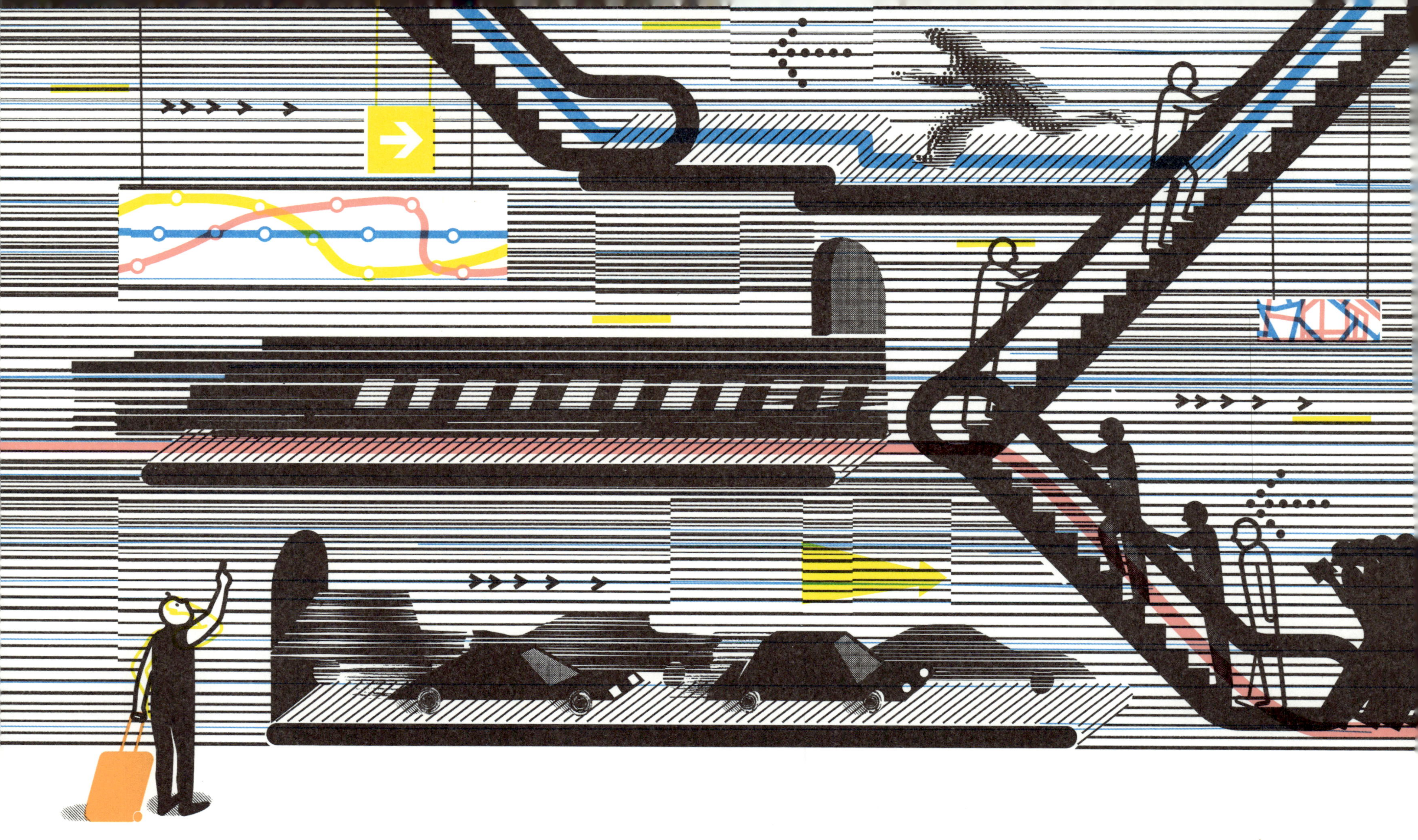

КОЛИ УСЕ ПРИШВИДШУЄТЬСЯ – ВАЖЛИВО НЕ РОЗГУБИТИСЯ.

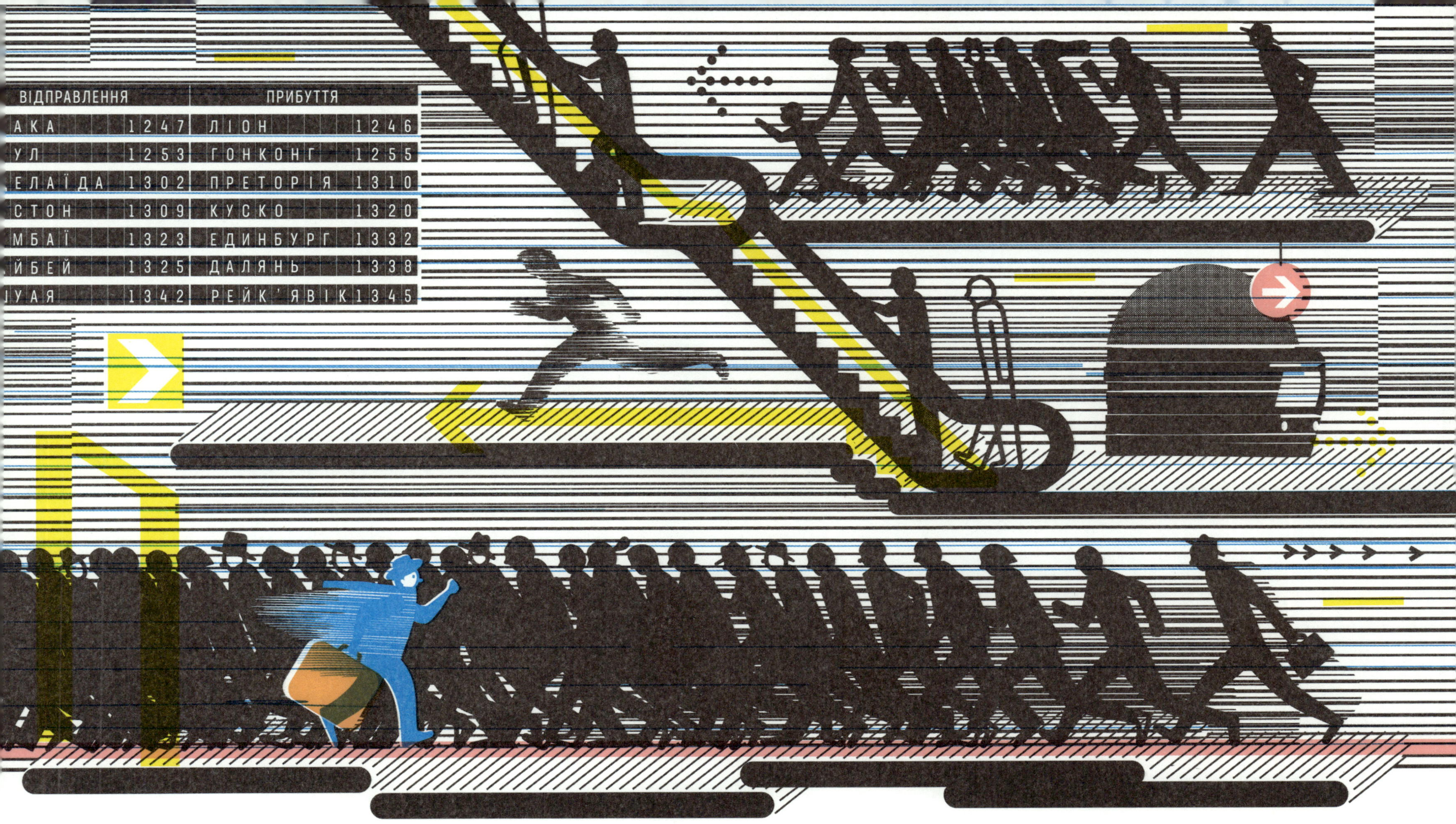


*ДЖЕТЛАҐ*

*Коли хтось швидко перелітає через кілька часових поясів, то біологічний годинник збивається, і через це може відчуватися втома, безсоння, запаморочення. Тоді потрібно декілька днів для відновлення доброго самопочуття на новому місці.*

*МОБІЛЬНІСТЬ*

*це здатність легко і швидко рухатися, змінюватися, не бути прив'язаним до одного місця.*

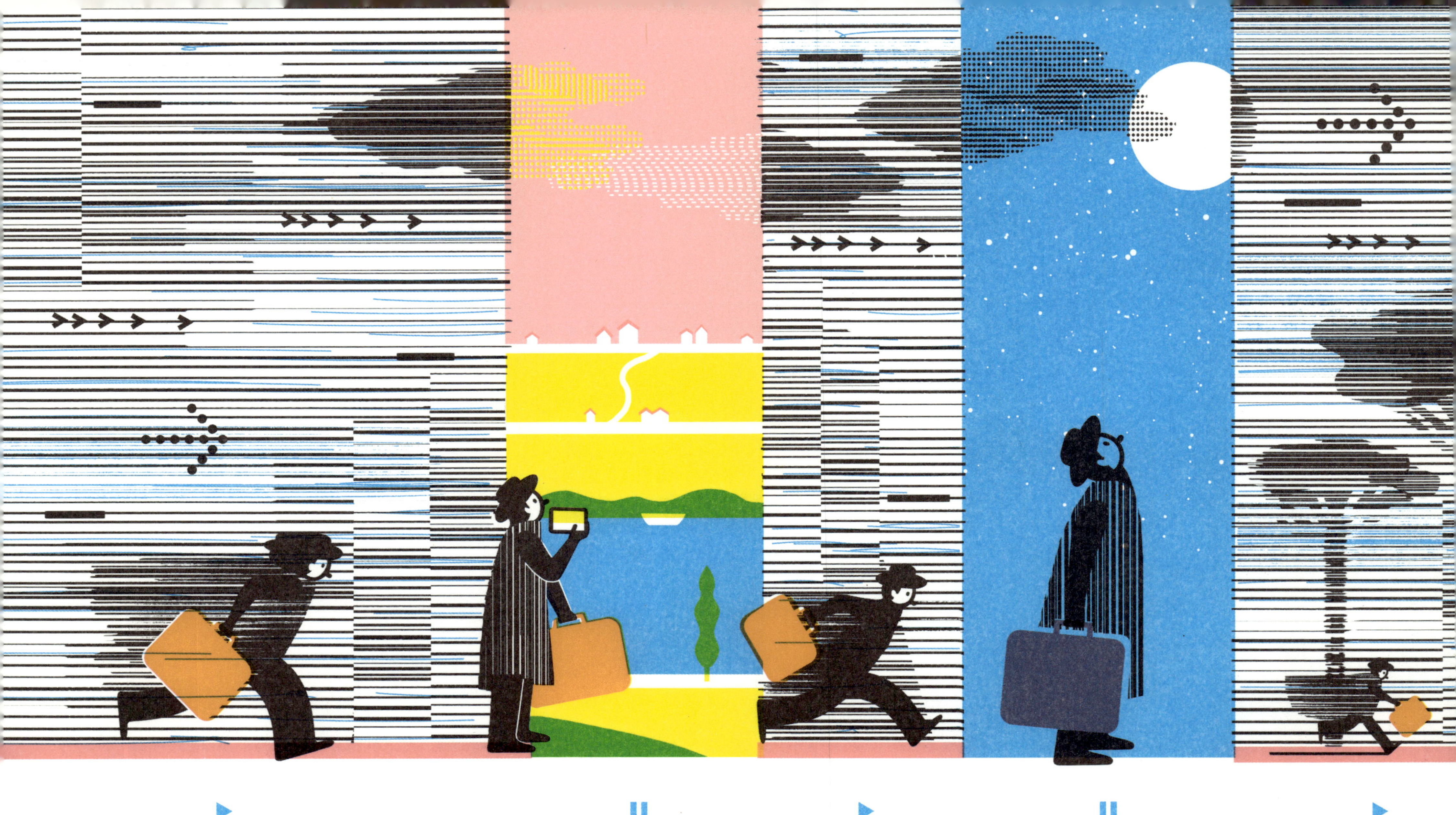

*СПОВІЛЬНИТИ ТЕМП І РОЗДИВИТИСЯ НАВКОЛО,*

*ЗУПИНИТИСЯ, ЩОБИ ПЕРЕВЕСТИ ПОДИХ.*

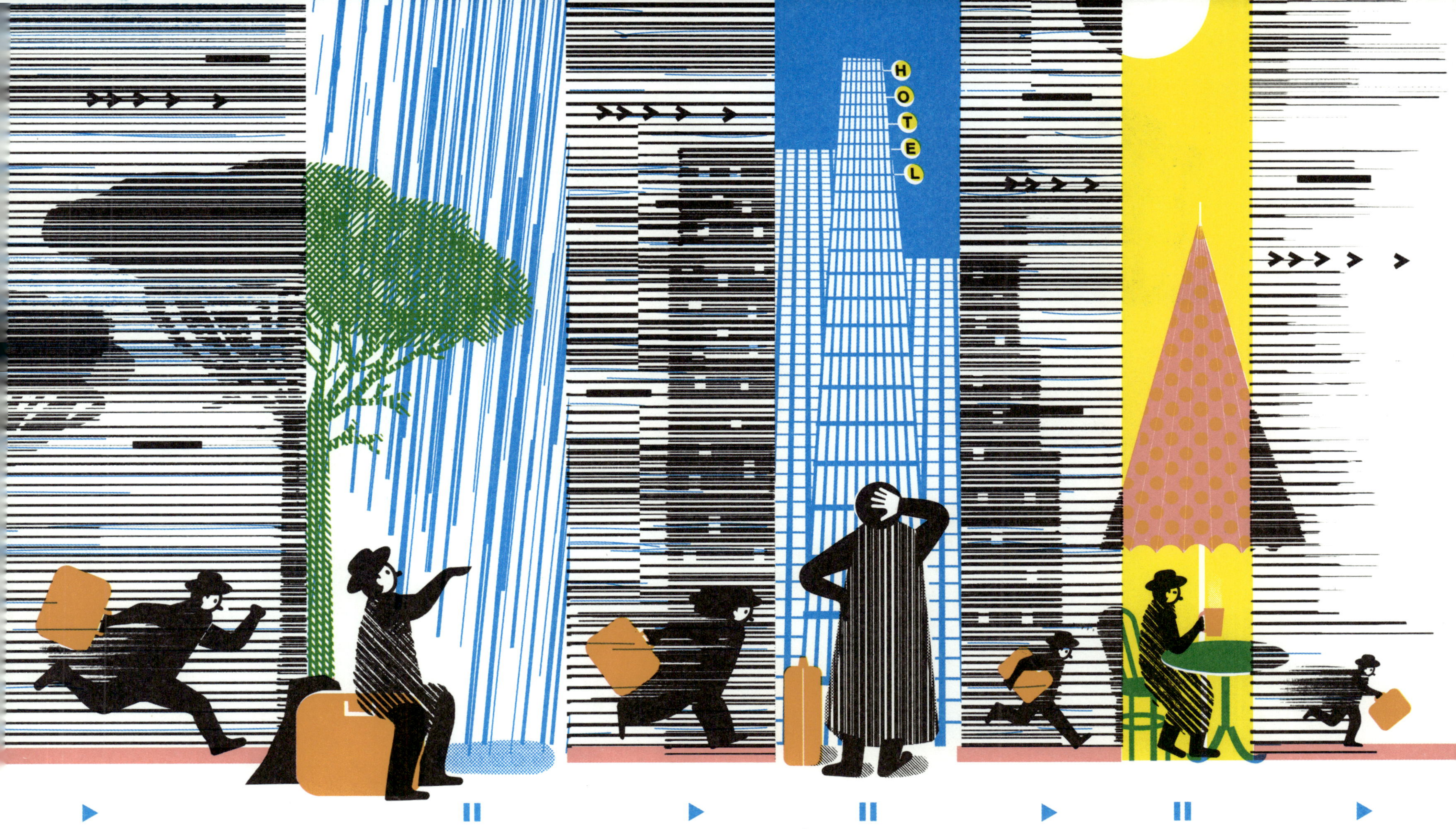


*ПОДОРОЖНІЙ ЩОДЕННИК, або ТРЕВЕЛОҐ*
*розповідь мандрівника про свою подорож, її деталі, маршрути, про життя і культуру відвіданої країни. Мандрівники публікують тревелоґи у формі книг і онлайн у мережі.*

*ГОТЕЛЬ*
*З найдавніших часів подорожні потребують місця, щоб заночувати і відпочити в дорозі. У Давній Греції і Римі такими місцями були таверни, в часи середньовіччя – ще й монастирі, а наприкінці XVIII століття з'явилися готелі, якими ми їх знаємо сьогодні.*

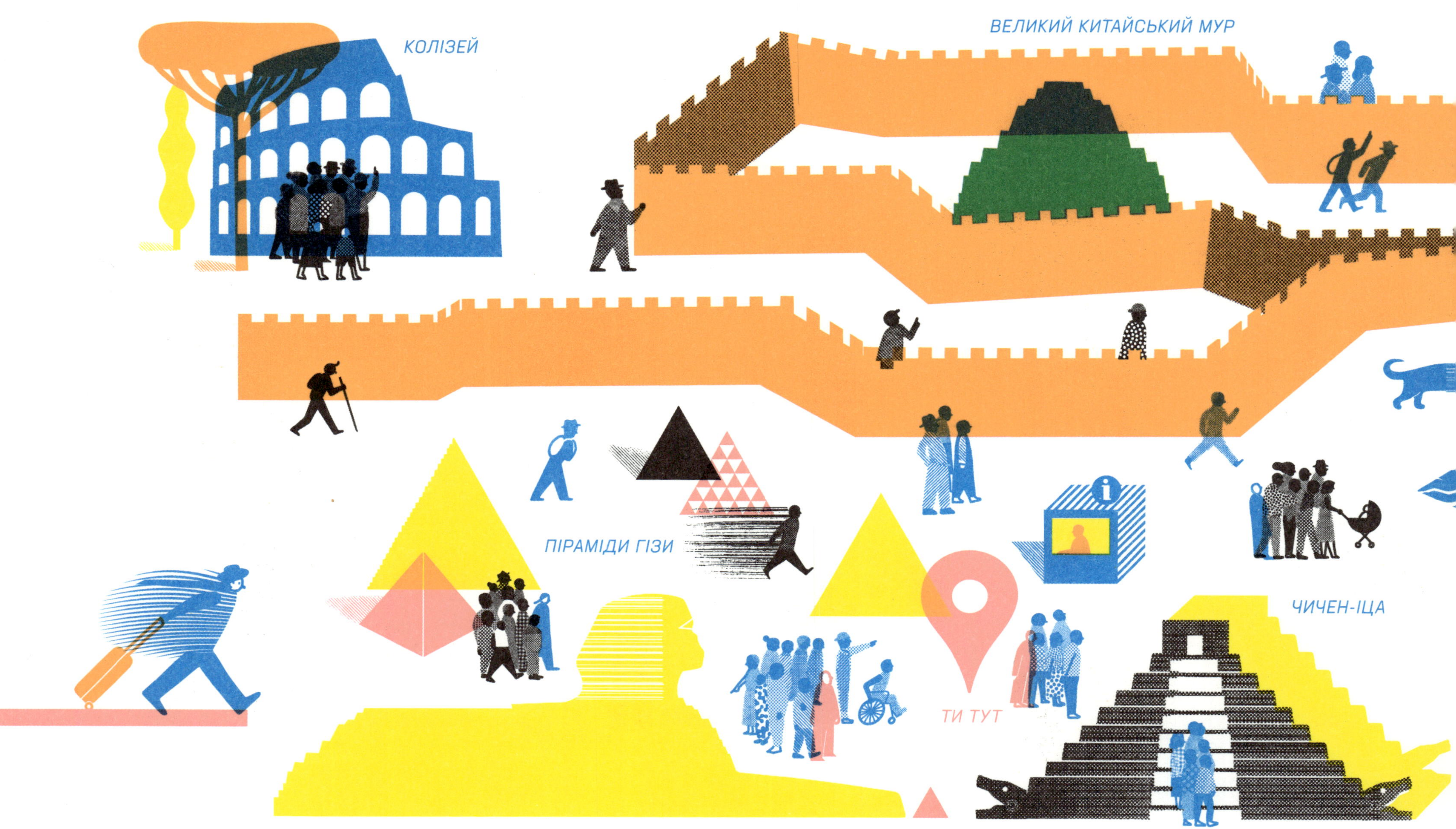


Я МАНДРУЮ. ПІЗНАЮ ДИВА СВІТУ ДЕСЬ ДАЛЕКО І ЗОВСІМ ПОРУЧ.

ТОМАС КУК

засновник сучасного туризму. У 1860-х роках він заснував у Лондоні першу туристичну агенцію, розробив туристичні маршрути різними містами і країнами й організовував поїздки ними. А ще він винайшов подорожні чеки та відривні готельні купони.

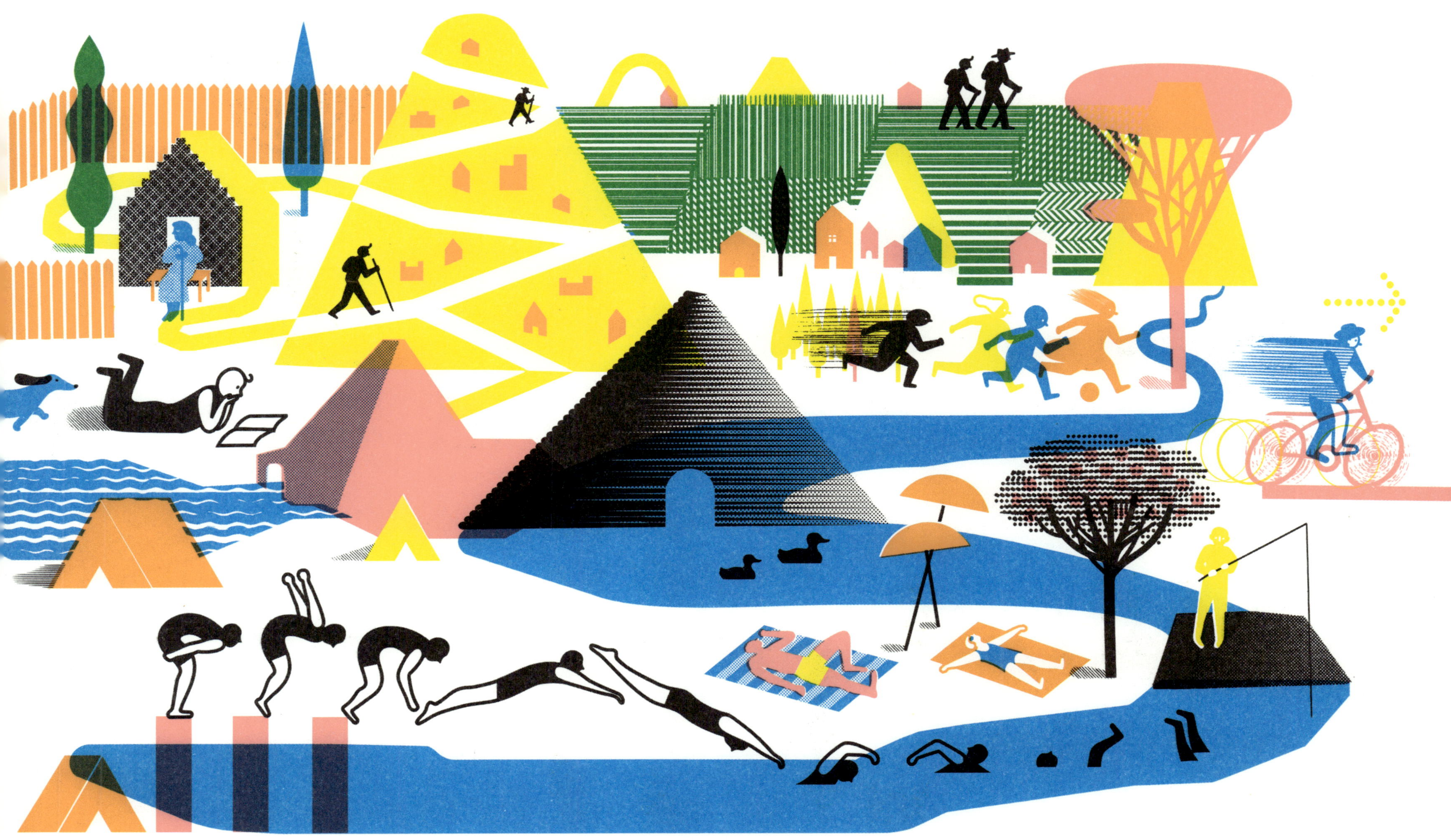

ТУРИЗМ

це мандри для задоволення, щоб пізнати інші культури, побачити природні чи створені людьми пам'ятки, відвідати музеї і заповідні території, поблукати вуличками міста, помилуватися краєвидами.

Історія туризму сягає Давнього Єгипту й античності. Мандри для задоволення були ознакою заможності. Люди подорожували до відомих місць чи слідували маршрутами, описаними в літературі. Одним із найпопулярніших було відвідування Семи чудес світу.

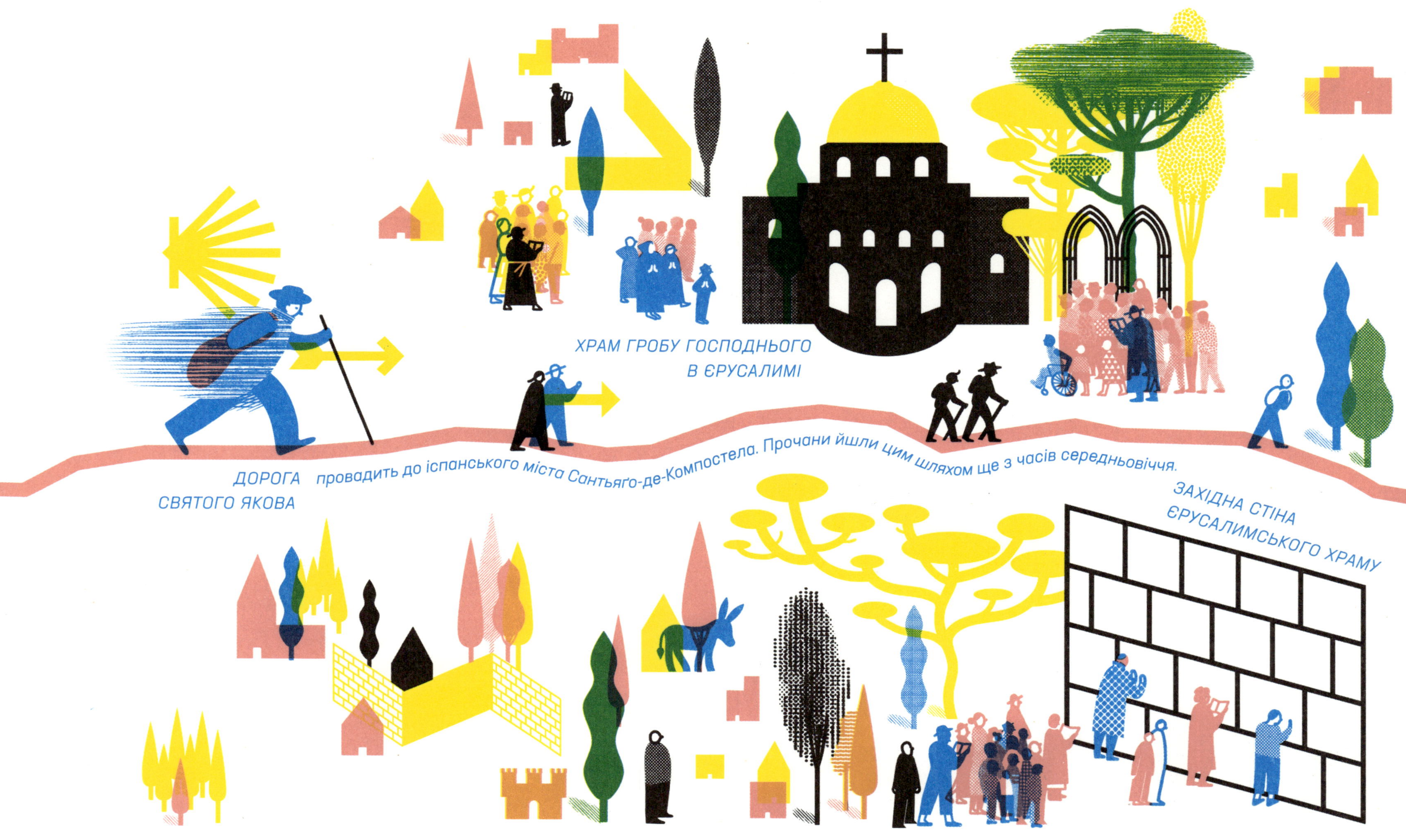


ЗНАЮ ПРО МІСЦЯ ОСОБЛИВІ,

ДО ЯКИХ ПРОВАДЯТЬ ВІРА І СЕРЦЕ.

ПАЛОМНИЦТВО
це подорож віруючої
людини до святині,
до важливого релі-
гійного місця.

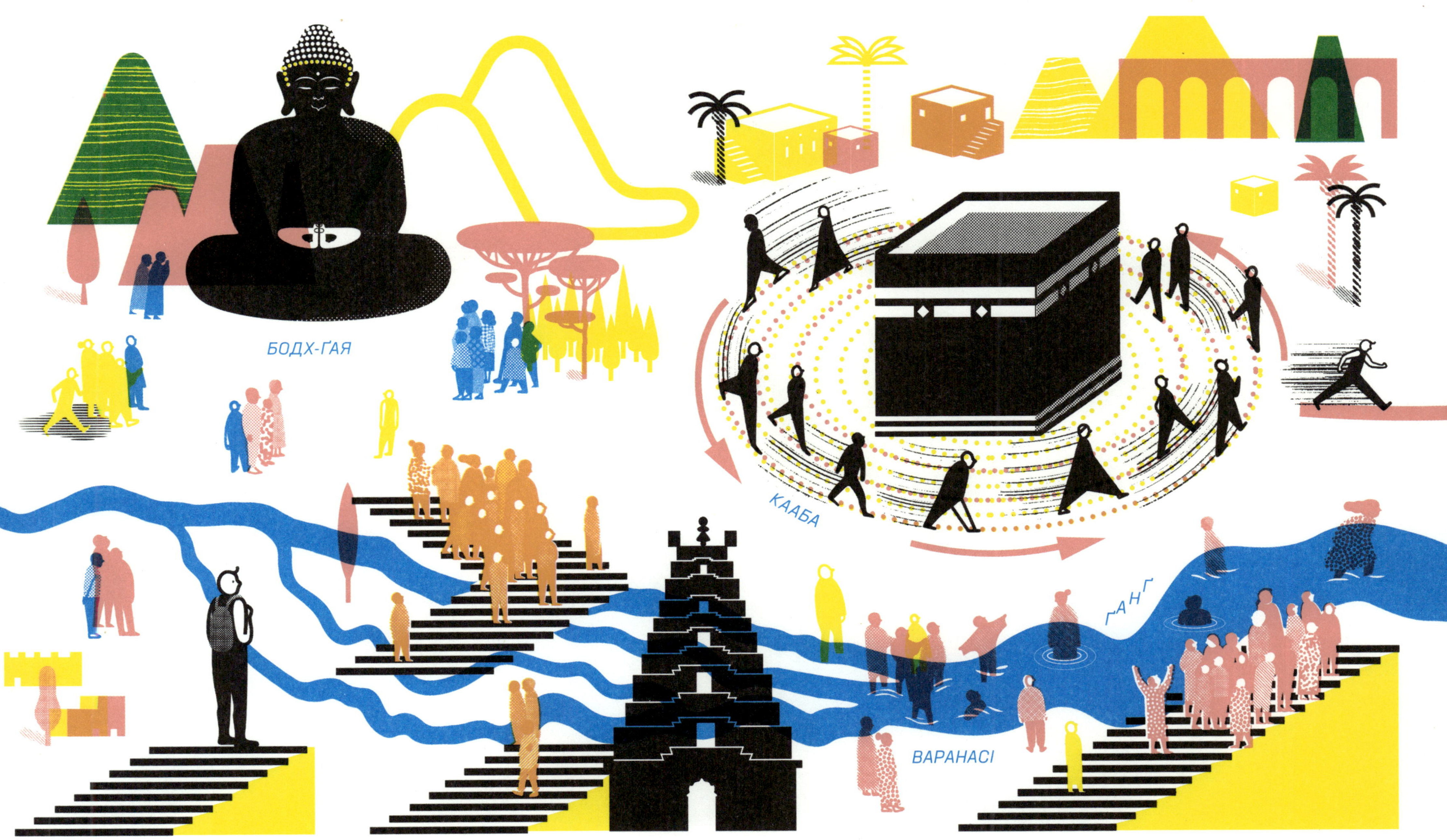


ЄРУСАЛИМ
місце паломництва аж трьох світових релігій: християнства, юдаїзму та ісламу.

МЕККА
священне місто в Саудівській Аравії, де знаходиться головна святиня ісламу – Кааба. Паломництво до Мекки має назву хадж.

БОДХ-ҐАЯ
одне з головних місць паломництва у буддизмі. Тут, медитуючи під деревом Бодгі, принц Ґаутама досяг просвітлення і став Буддою.

ВАРАНАСІ
місто в Індії на березі річки Ґанґ. Священне місце паломництва в індуїзмі, джайнізмі та буддизмі.

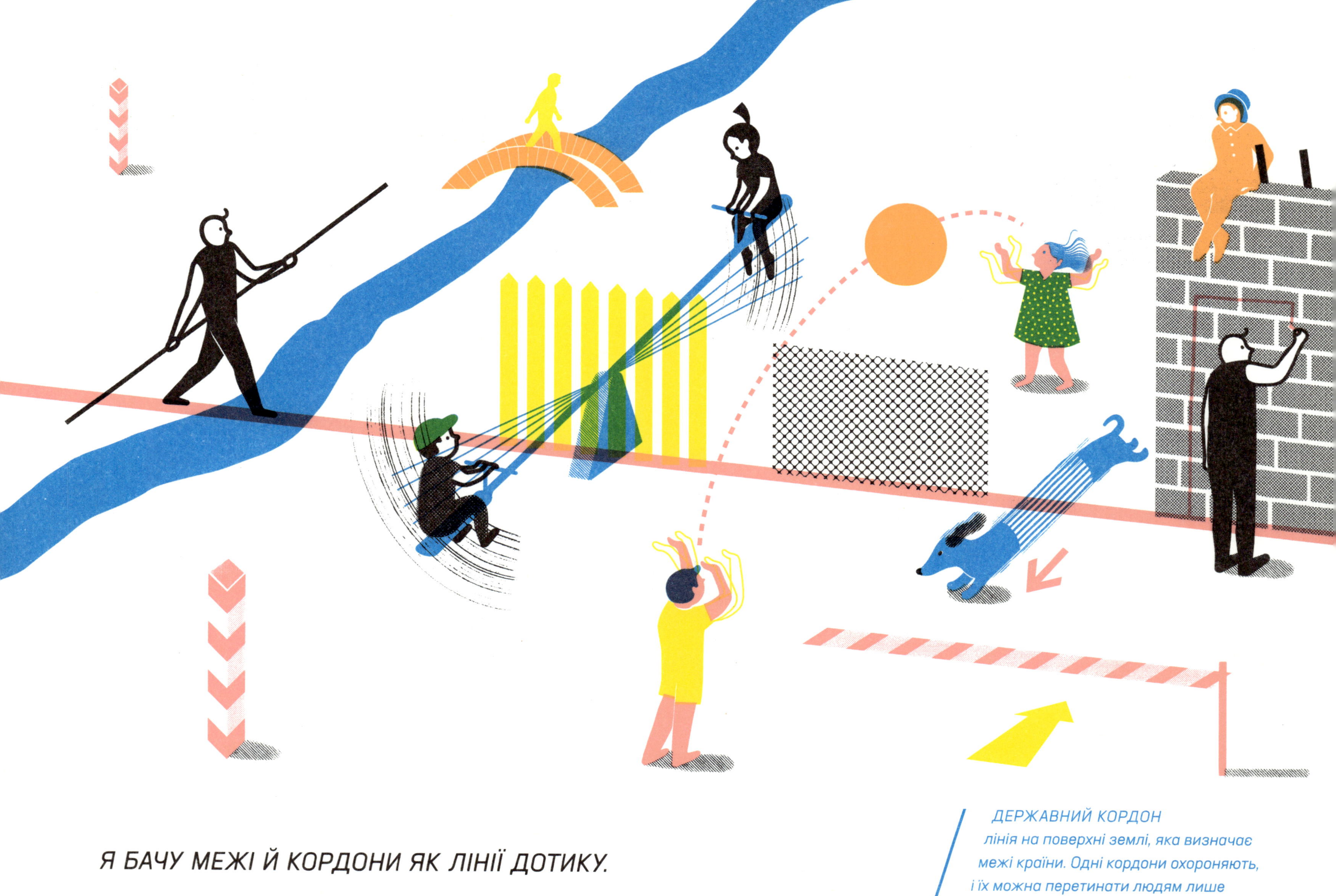

Я БАЧУ МЕЖІ Й КОРДОНИ ЯК ЛІНІЇ ДОТИКУ.

ДЕРЖАВНИЙ КОРДОН

лінія на поверхні землі, яка визначає межі країни. Одні кордони охороняють, і їх можна перетинати людям лише у визначених місцях, інші – відкриті.

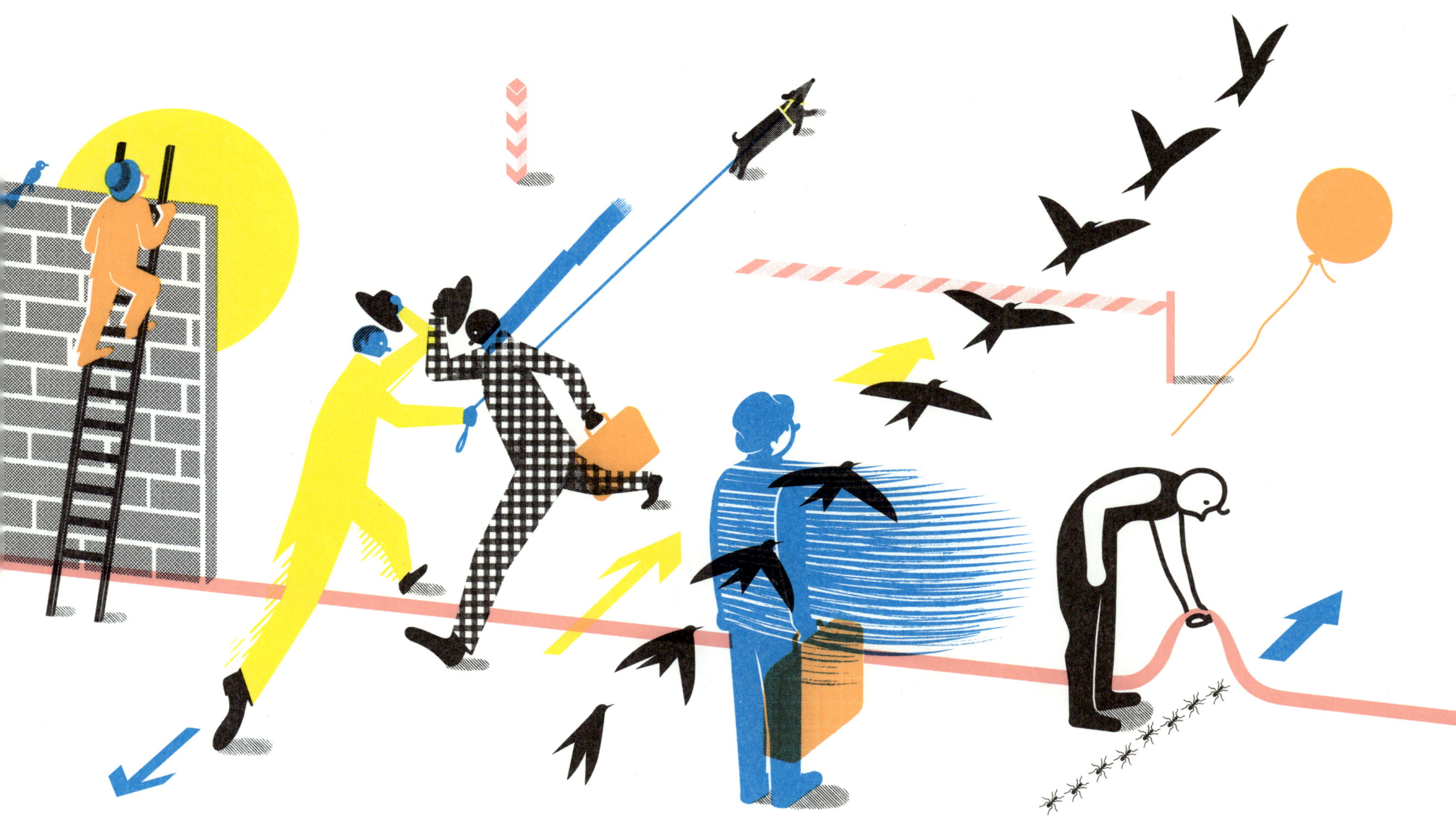

На кордоні між містечками Дербі Лайн (США) і Станстед (Канада) збудовано бібліотеку та Оперний театр Гаскелл – і це одна будівля, де лінію кордону позначено на підлозі. Вхід до бібліотеки є на території США, а книги в ній – у Канаді. Оперна сцена знаходиться в Канаді, а глядацька зала – у США.

На місці, де зустрічаються кордони Австрії, Словаччини та Угорщини, є парк скульптур і трикутний стіл для пікніка, кожна сторона якого знаходиться в іншій країні.

Містечко Барле лежить на кордоні між Нідерландами та Бельгією, але лінія кордону є такою складною і заплутаною, що місто нагадує складанку-пазл. Кордон позначено кам'яними плитками з хрестиками і позначками, де чия територія.

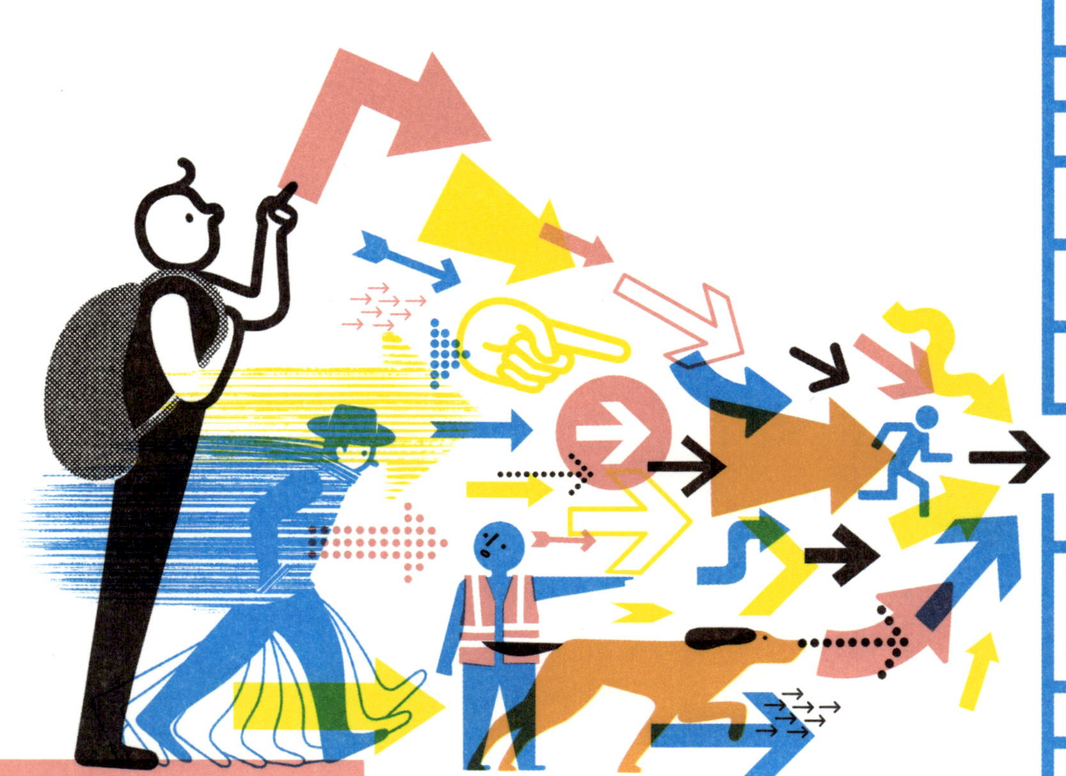

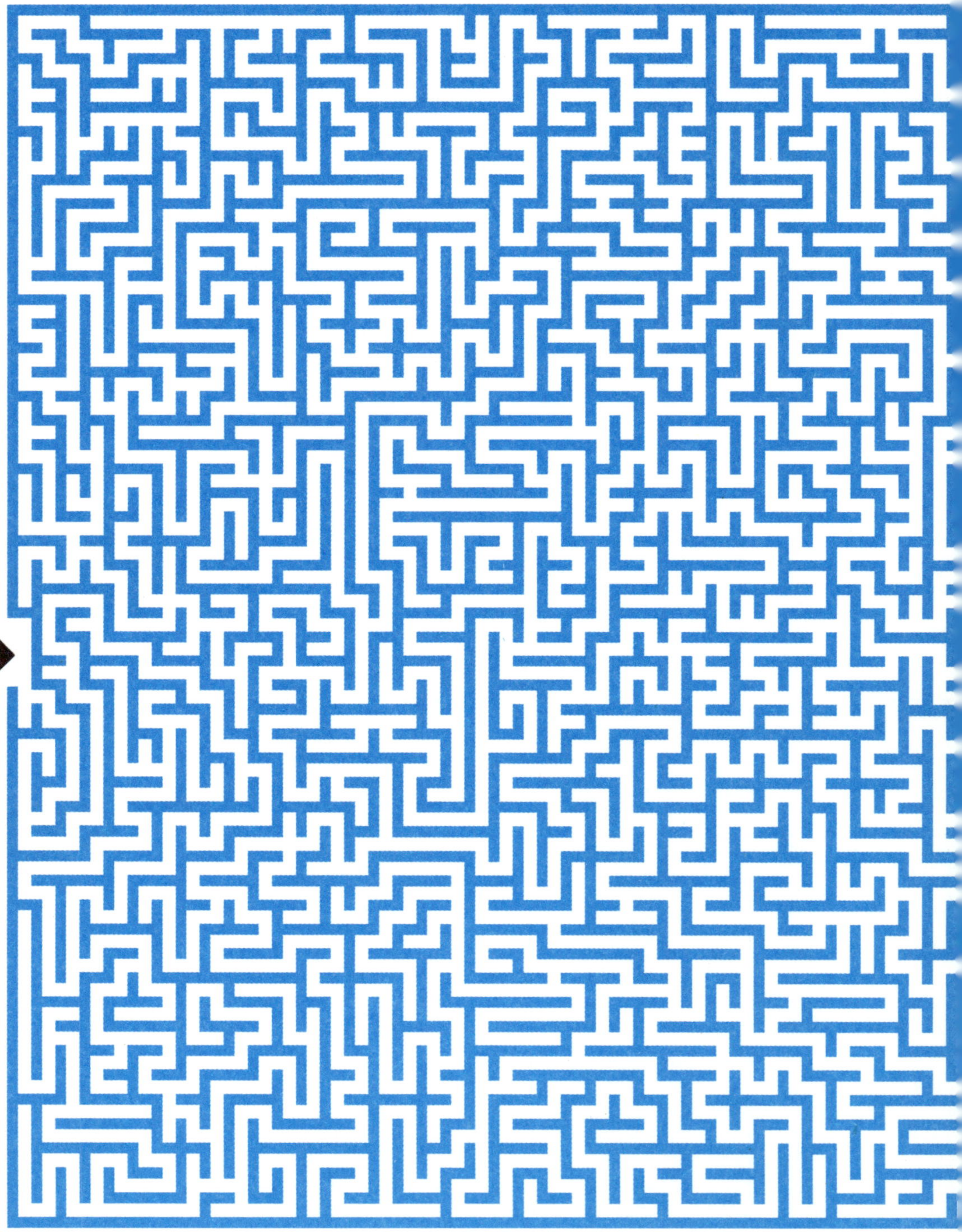

*КОЛИ ЗАБЛУКАЮ – ЗАПИТУЮ ДОРОГУ*

*І ЗВІРЯЮСЯ НА ДОРОГОВКАЗИ.*

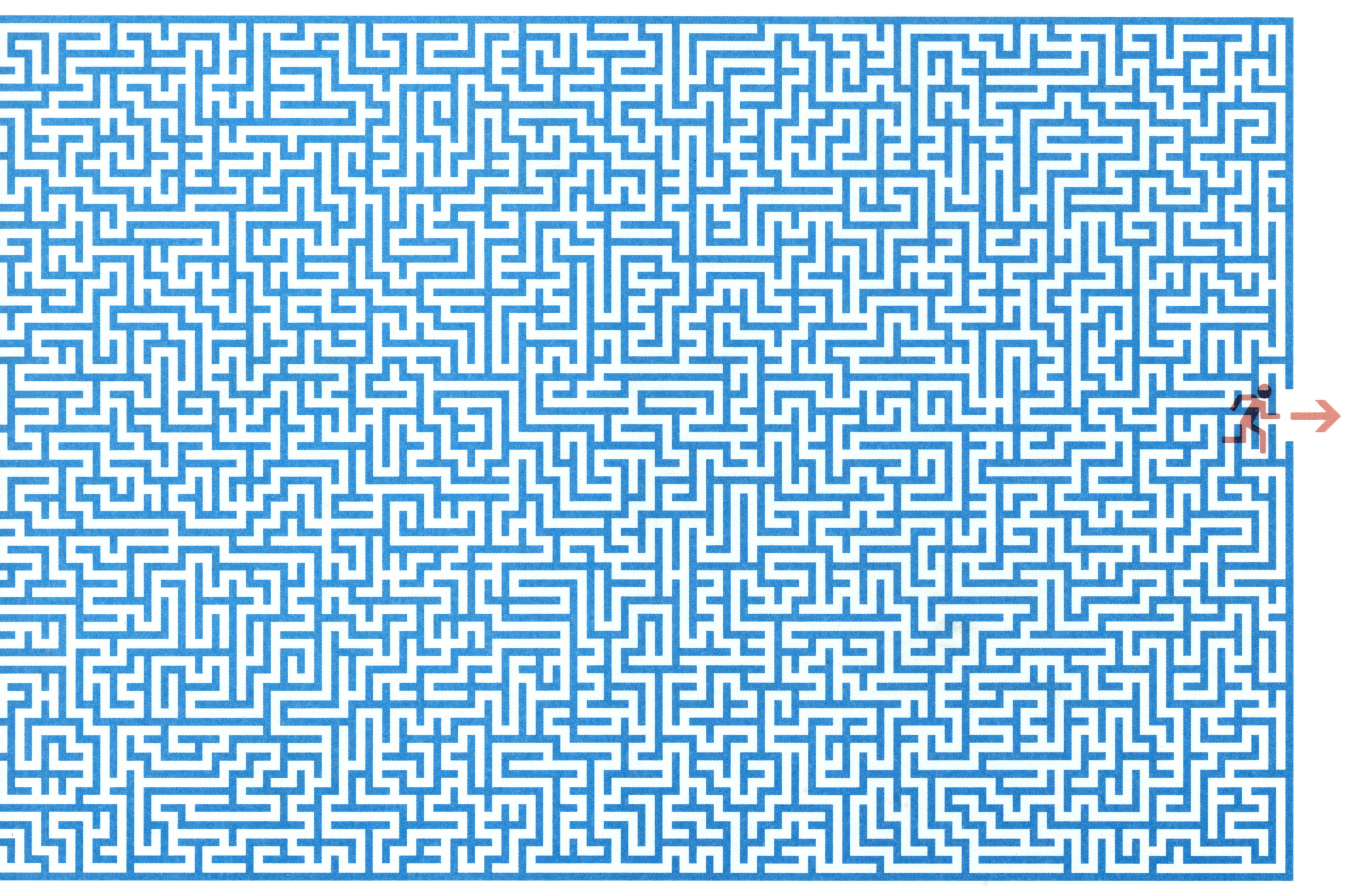

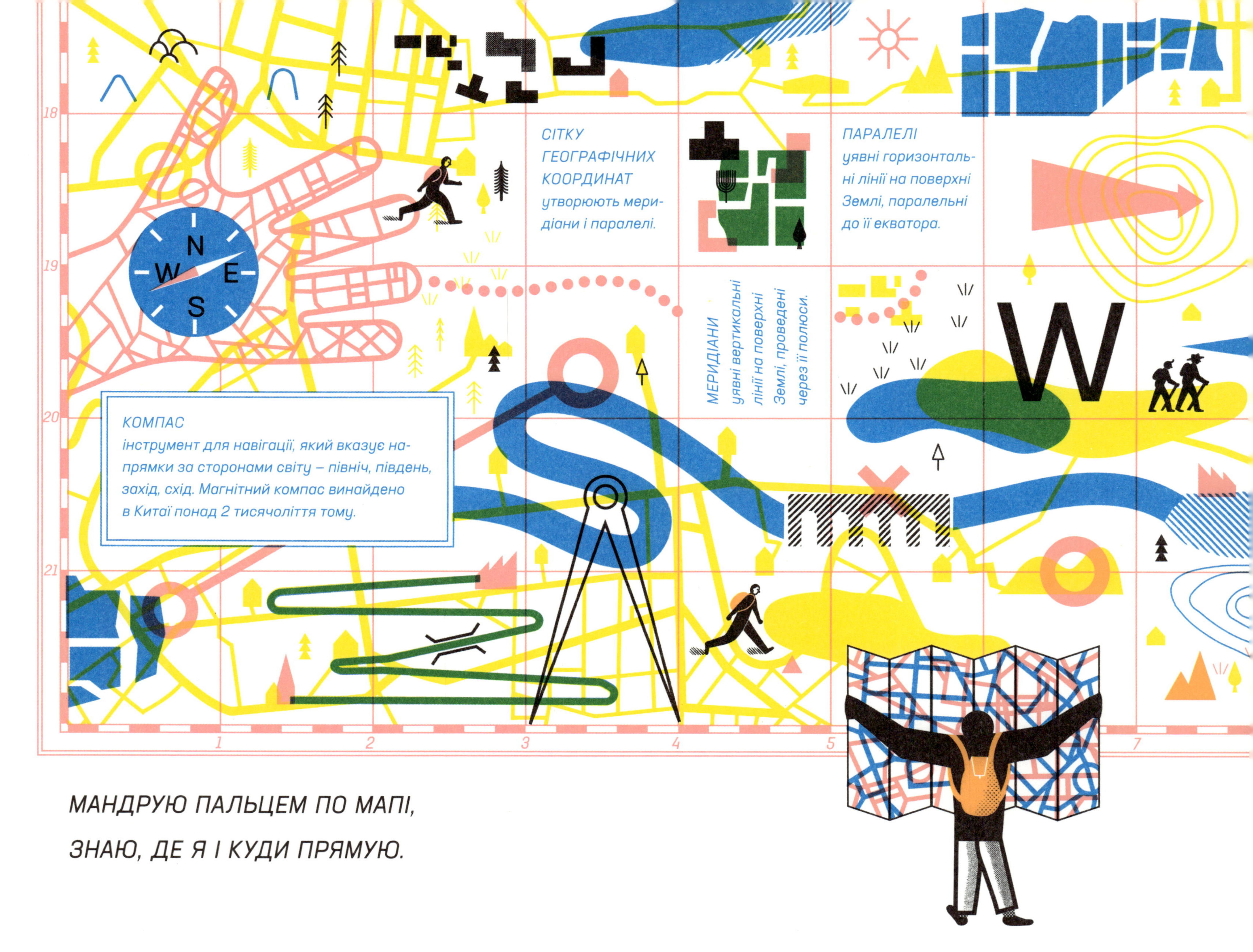


МАНДРУЮ ПАЛЬЦЕМ ПО МАПІ,

ЗНАЮ, ДЕ Я І КУДИ ПРЯМУЮ.

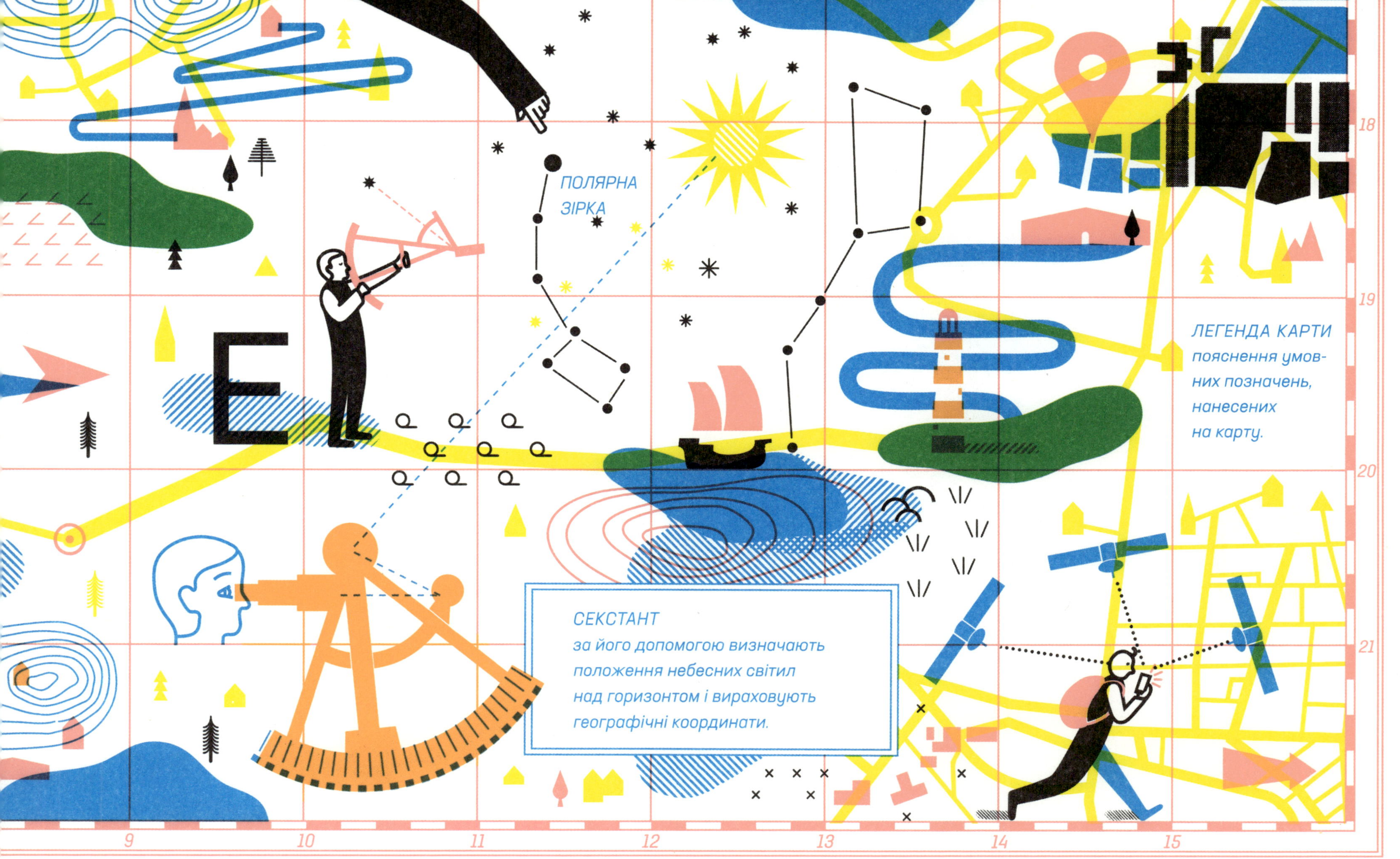


МАПА

Люди створювали мапи впродовж тисячоліть. Найдавнішою вважається мапа на бивні мамонта з села Павлов у Чехії, створена 27 000 років тому. В розписах печери Ляско знайдено найдавнішу мапу зоряного неба, створену 16 500 років тому. Перші мапи світу малювали єгиптяни, вавилоняни, давні греки.

НАВІГАЦІЯ

це орієнтування на місцевості та знаходження правильного шляху. Навігація розвинулася у мореплавстві. Моряки орієнтувалися за небесними світилами – зірками, Сонцем, Місяцем. Сьогодні навігація здійснюється завдяки даним з геолокаційних супутників, наприклад, системи GPS.

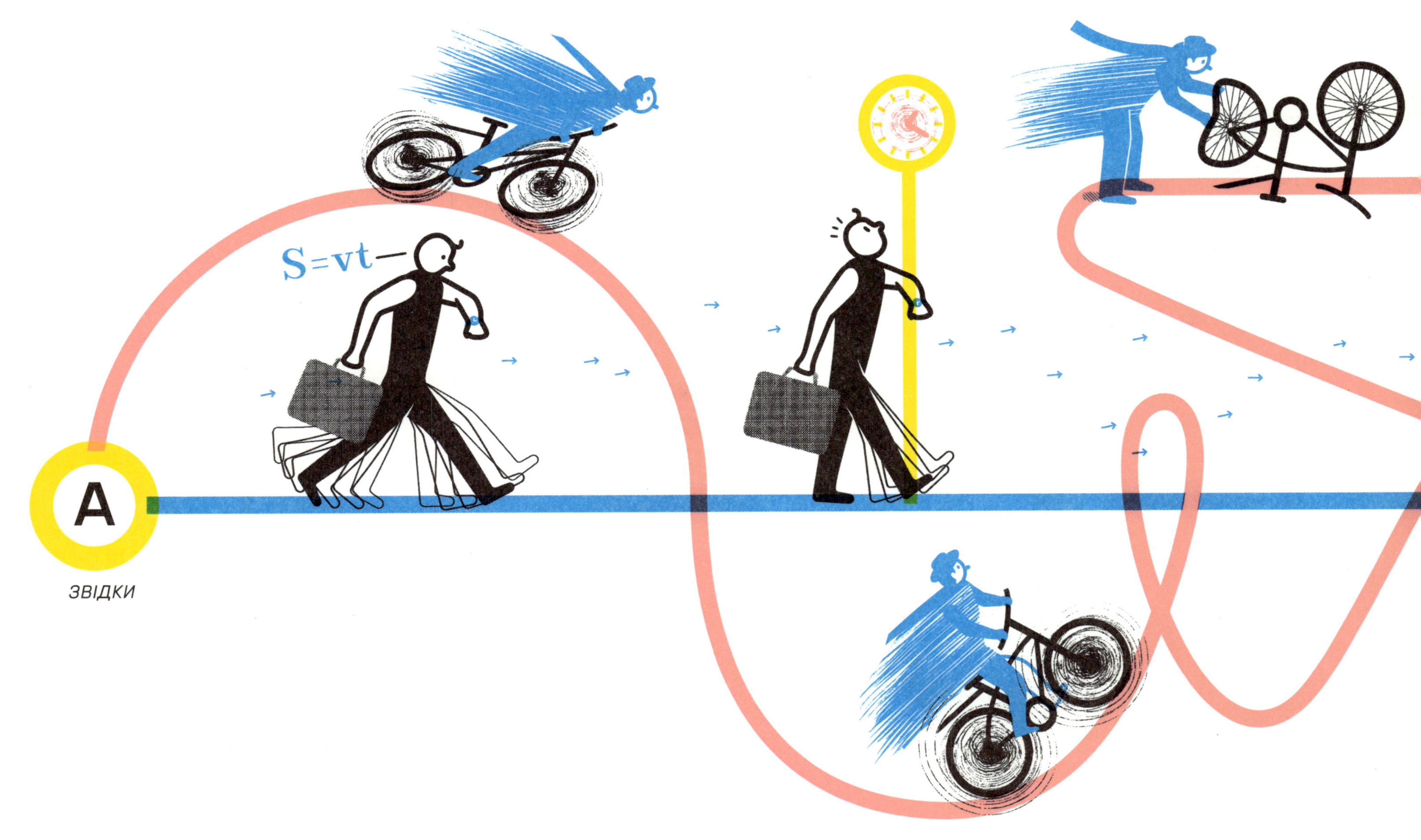


ЗВЕРТАЮ З МАРШРУТУ, ЗМІНЮЮ НАПРЯМОК, ПОДОРОЖУЮ ВІЛЬНО.

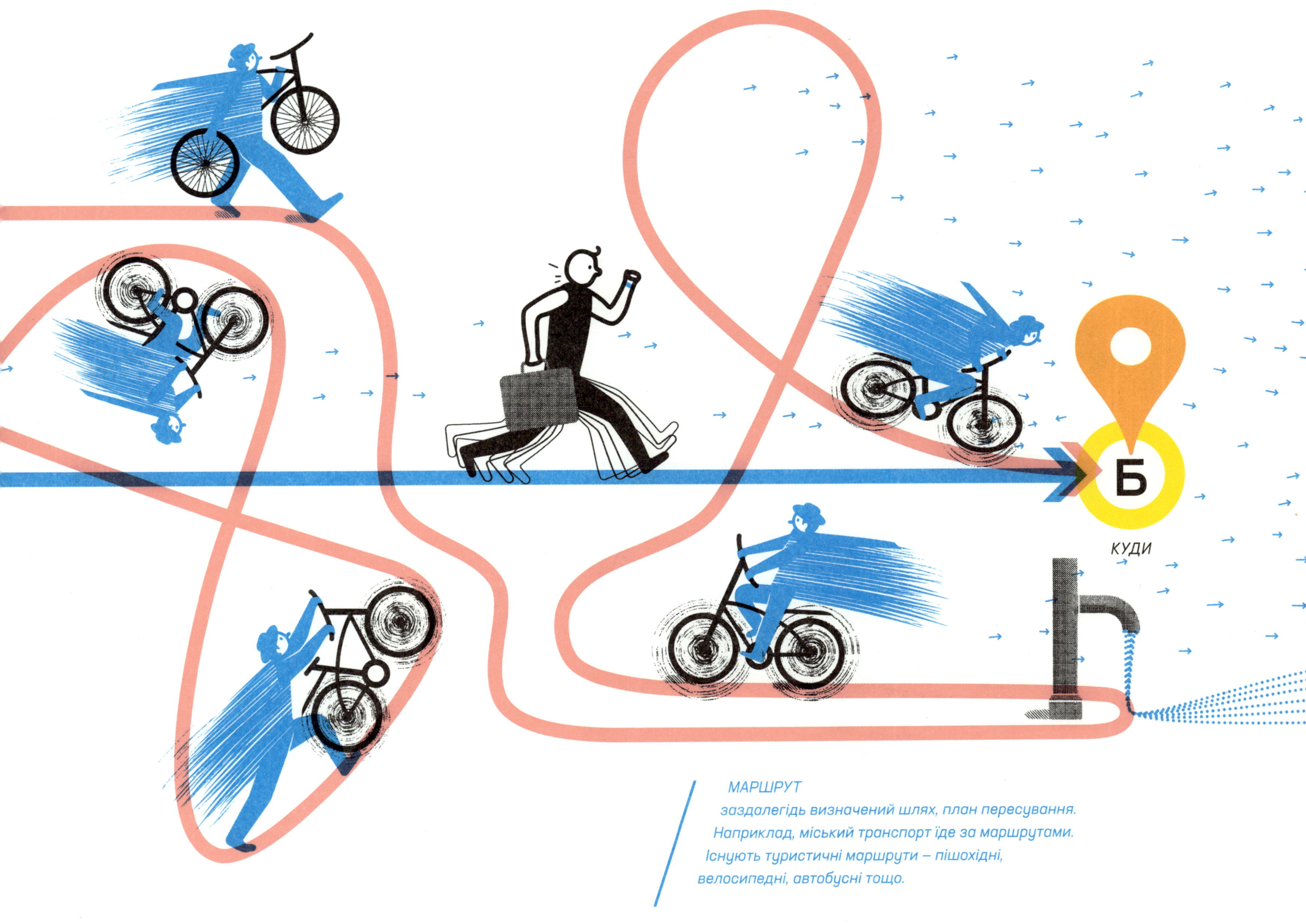


МАРШРУТ

заздалегідь визначений шлях, план пересування.
Наприклад, міський транспорт їде за маршрутами.
Існують туристичні маршрути – пішохідні, велосипедні, автобусні тощо.

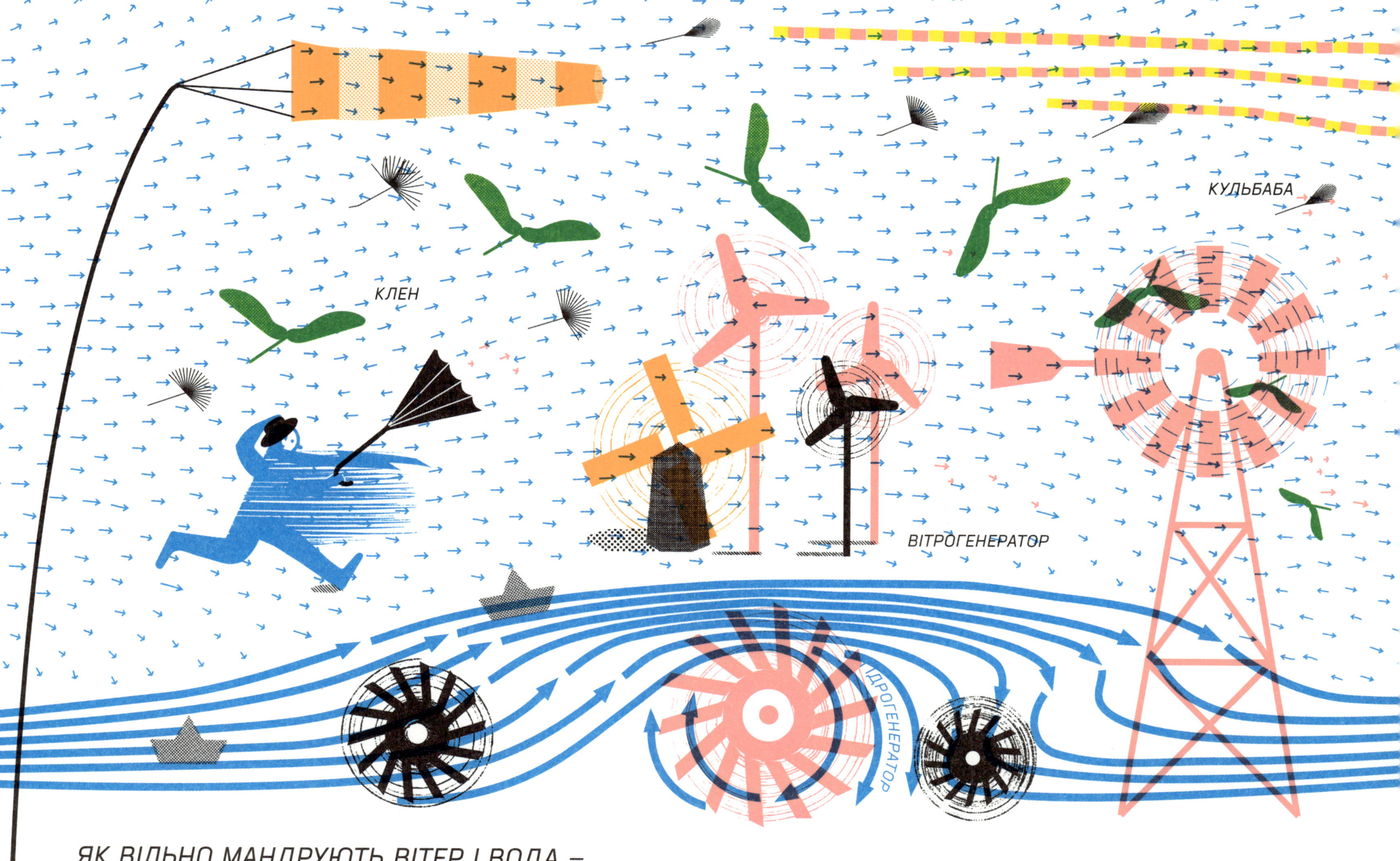


*ЯК ВІЛЬНО МАНДРУЮТЬ ВІТЕР І ВОДА –*

*НЕ ЗНАЮТЬ МЕЖ І НЕ СПИНЯЮТЬСЯ НІКОЛИ.*

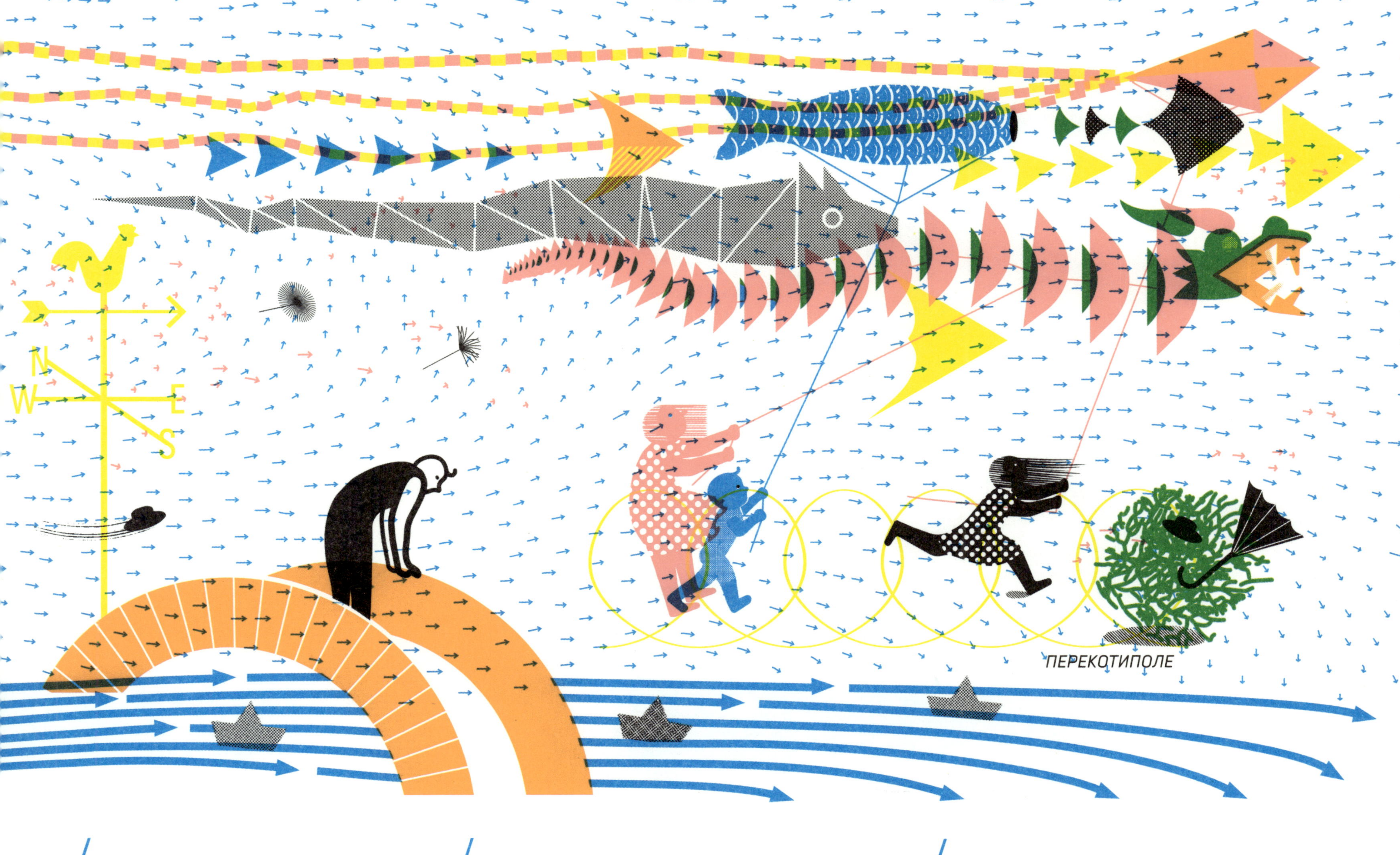


Вітер і вода переносять насіння рослин на великі дистанції, і в такий спосіб рослини мігрують до нових місць.

Люди здавна використовують рух вітру і води. Наприклад, коли у мореплавстві вітер напинає вітрила, чи коли вода і вітер приводять у рух водяні й вітряні млини для перемелювання зерна.

Сьогодні кінетична енергія вітру і течії перетворюється в електричну енергію завдяки винайденню вітрогенератора та гідрогенератора.

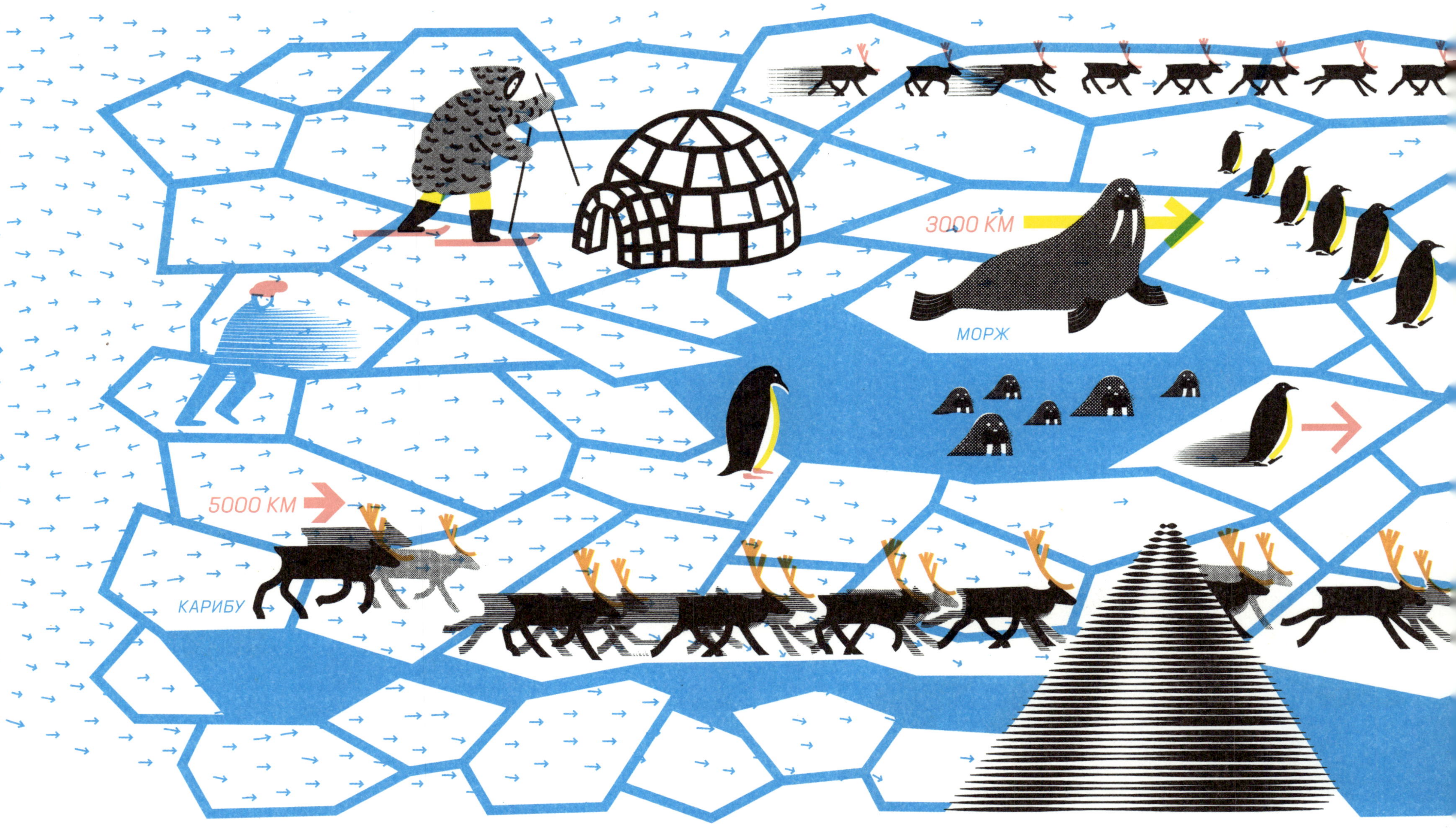


Є ТІ, ЩО ДОЛАЮТЬ ТИСЯЧІ КІЛОМЕТРІВ БЕЗ МАПИ І КОМПАСА.

МІГРАЦІЯ

*це переміщення тварин з одного місця до іншого у певний період року. Тварини мігрують з різних причин: у пошуках їжі, партнера, мандруючи до місць зі сприятливішим кліматом.*

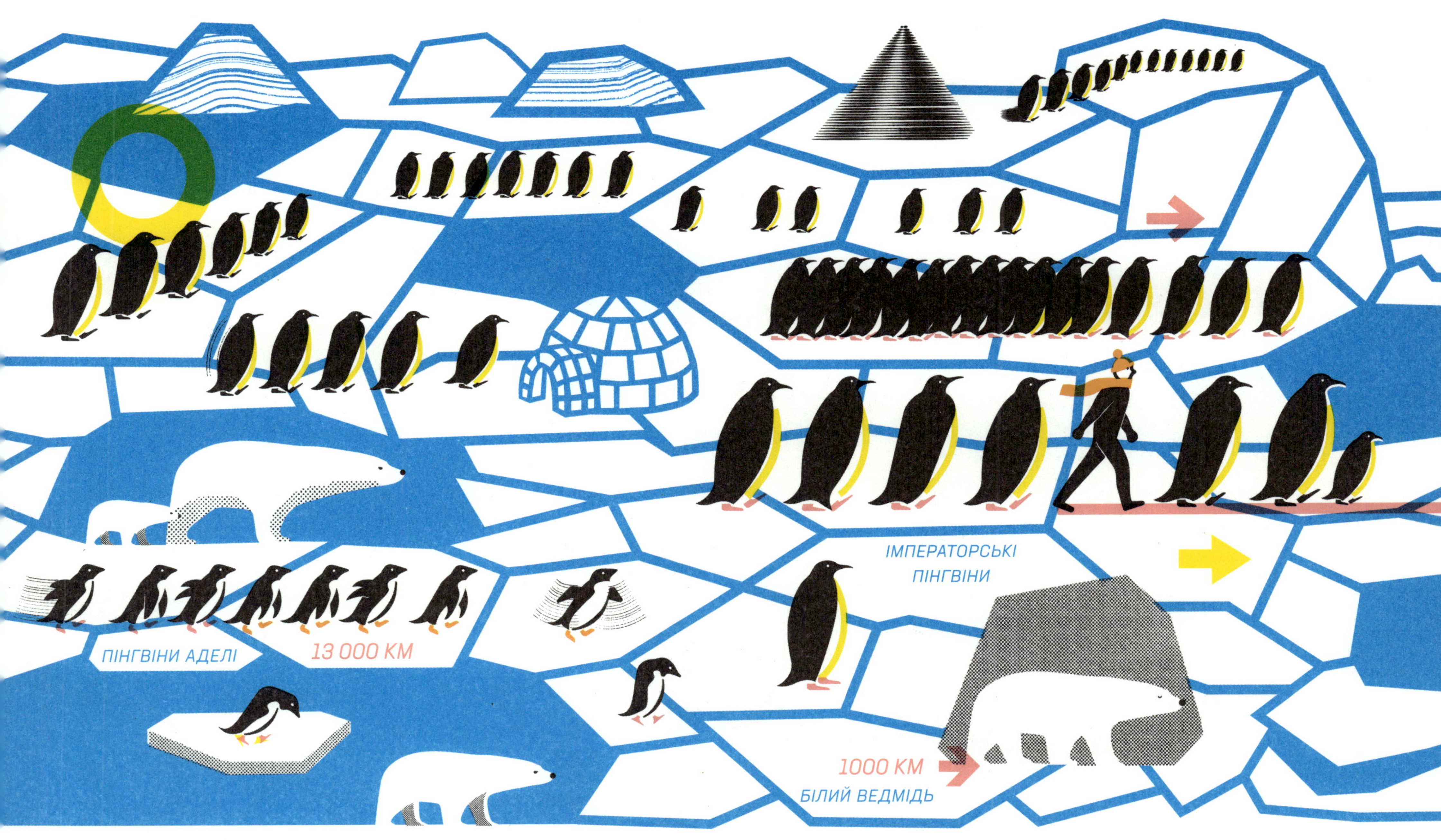


ПІНГВІНИ АДЕЛІ
мігрують на найдовші відстані серед усіх пінгвінів. Упродовж антарктичної зими долають близько 13 000 км, слідуючи за Сонцем.

КАРИБУ
мігрують на найбільші відстані серед усіх наземних ссавців. З наближенням літа вони прямують на північ, а з першим снігом повертаються на південь, проходячи за рік до 5000 км.

МОРЖІ
мігрують, плаваючи та ковзаючи льодом. За рік вони долають близько 3000 км.

БІЛІ ВЕДМЕДІ
можуть проходити 30–80 км на день, і так упродовж декількох днів поспіль. У середньому за рік білий ведмідь долає близько 1000 км.

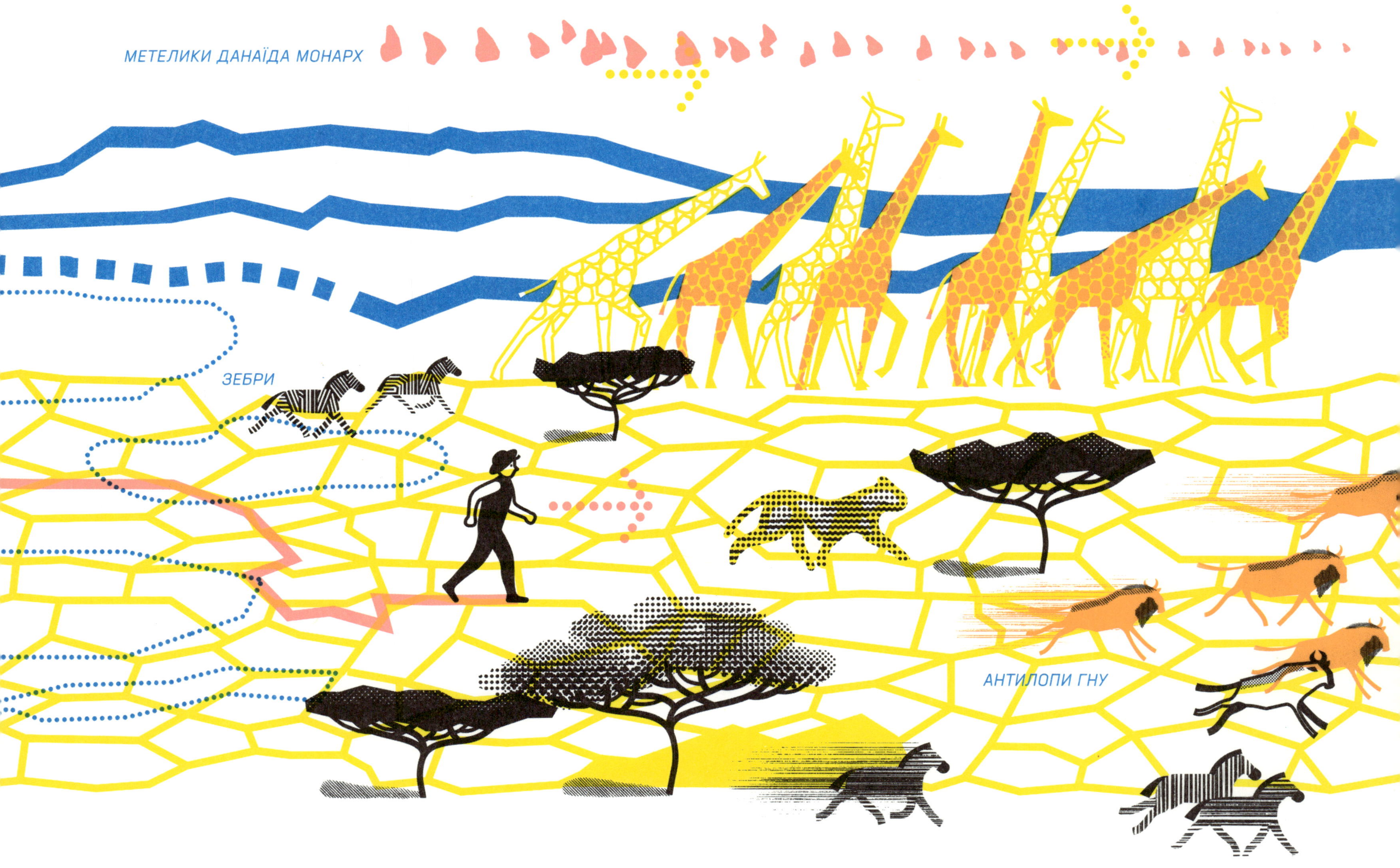


ЗБИРАЮТЬСЯ МІЛЬЙОНАМИ І ВИРУШАЮТЬ У НЕБЕЗПЕЧНІ МАНДРИ.

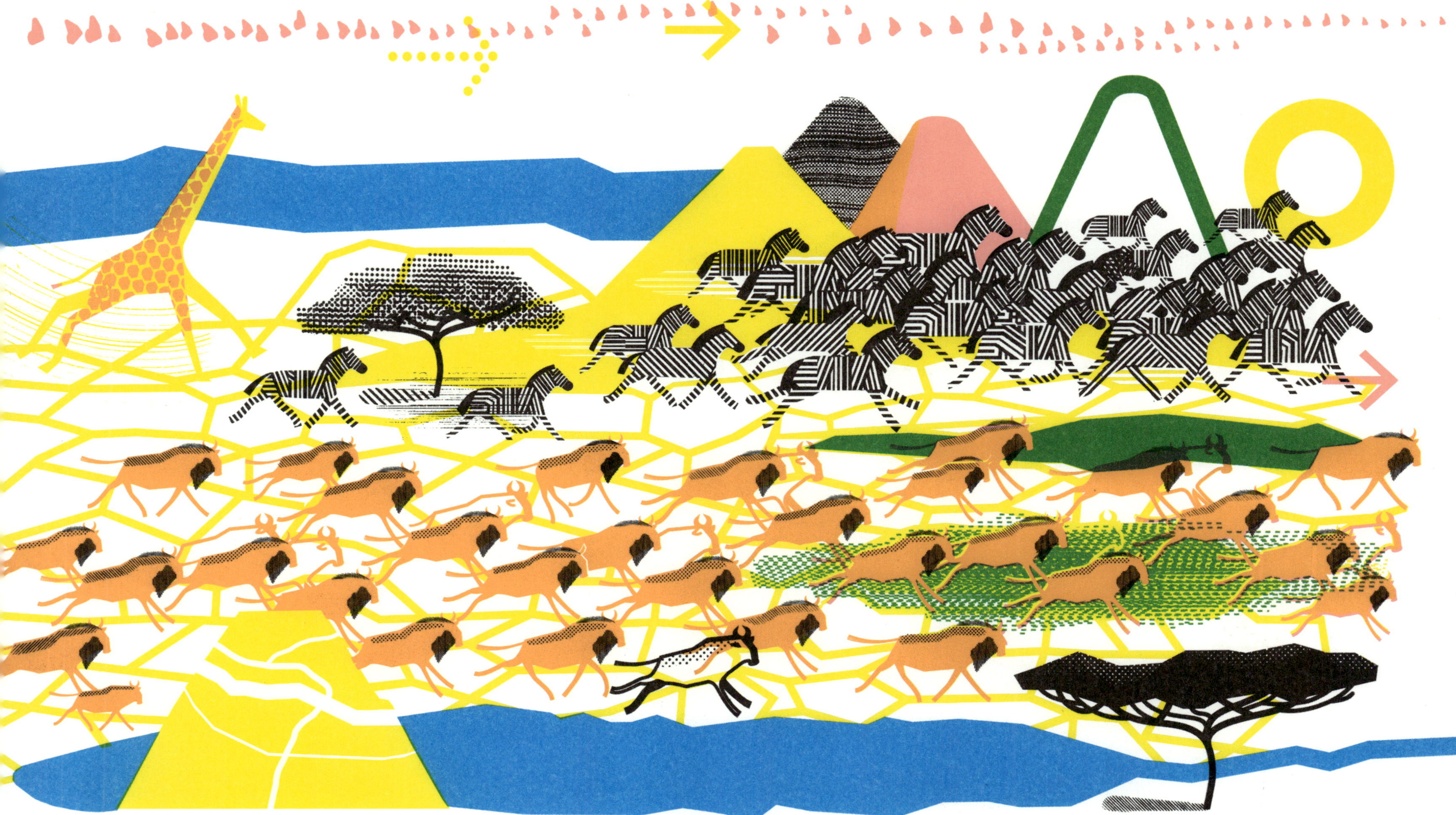

ВЕЛИКА СЕЗОННА МІГРАЦІЯ

найчисельніша наземна міграція тварин на планеті. Щорічно у Серенгеті антилопи гну і зебри розпочинають круговий цикл міграції, долаючи понад 800 км у пошуках свіжої зелені. Гну і зебри мігрують разом, бо полюбляють однаковий тип трави, але з'їдають різні її частини.

МЕТЕЛИКИ ДАНАЇДА МОНАРХ

щороку восени мігрують з південних регіонів Канади до центральної Мексики на зимівлю, а відтак навесні повертаються назад на північ, долаючи загалом понад 7000 км. Проте життя метелика значно коротше, ніж тривалість цієї подорожі. Завершує міграцію третє-четверте покоління нащадків тих метеликів, які її почали.

НАВІТЬ ПРОТИ ТЕЧІЇ ПЛИВУТЬ ДО МІСЦЬ, ДЕ З'ЯВИЛИСЯ НА СВІТ.

ЛОСОСЬ

вилуплюється з ікри у річках, мігрує за течією до моря, де живе приблизно 4 роки, а тоді для нересту повертається вгору проти течії річки на місце свого народження.

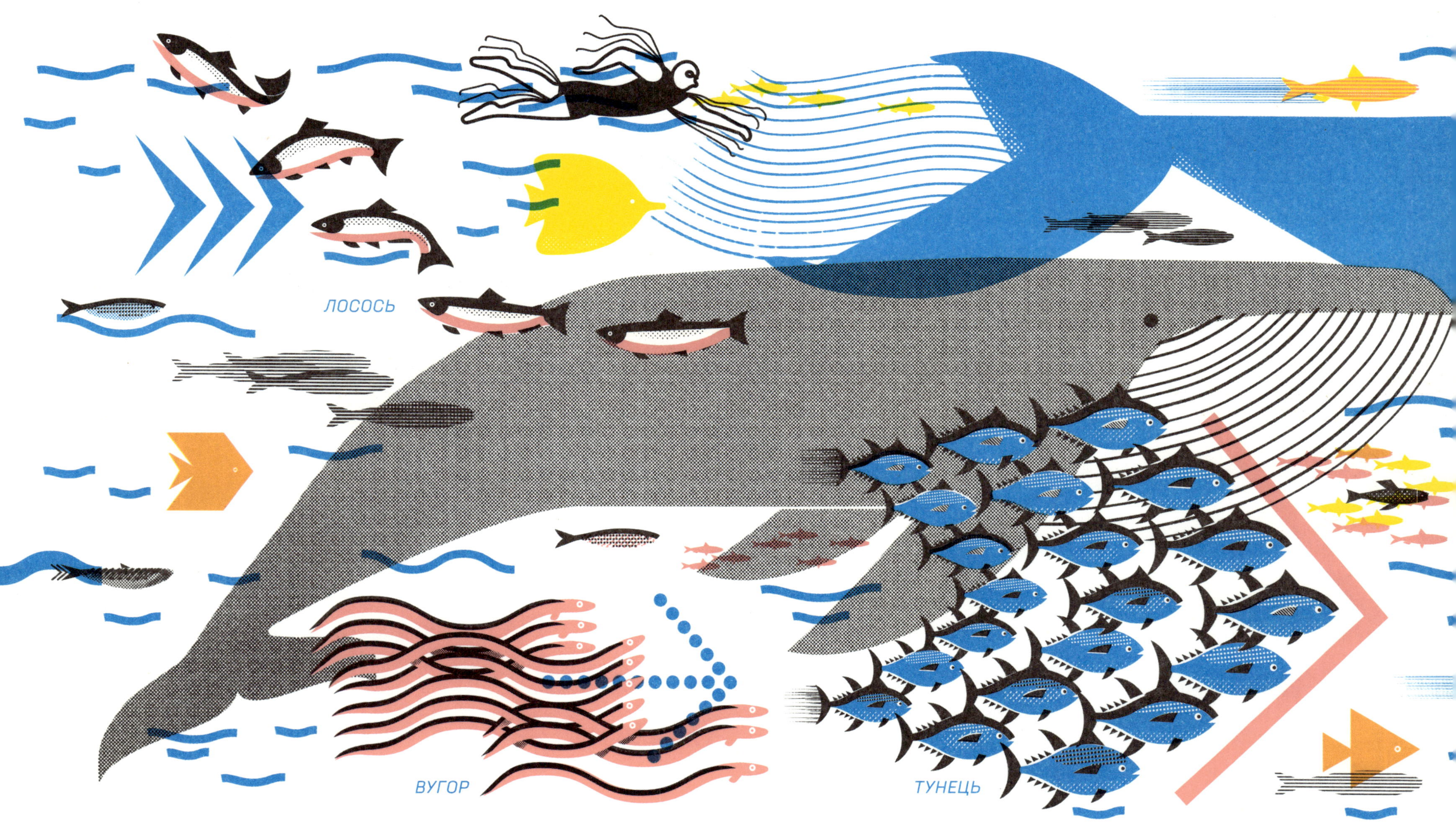

*ВУГОР*

*народжується в теплих водах Саргасового моря, через 2 роки пливе у прісні води річок, виростає і живе там близько 10–15 років, а тоді повертається в Саргасове море для народження потомства.*

*ХІД САРДИН*

*мільйони сардин мігрують у теплі води океану влітку біля південно-східного узбережжя Африки. Розміри зграї сягають понад 7 км у довжину, понад 1,5 км у ширину і до 30 м у глибину.*

*КИТ*

*ссавець, який мігрує на найдовші дистанції. Влітку кити пливуть у прохолодні води для харчування, а взимку – у теплі води для того, щоб народити і вигодувати потомство. За рік кити долають до 20 000 км.*

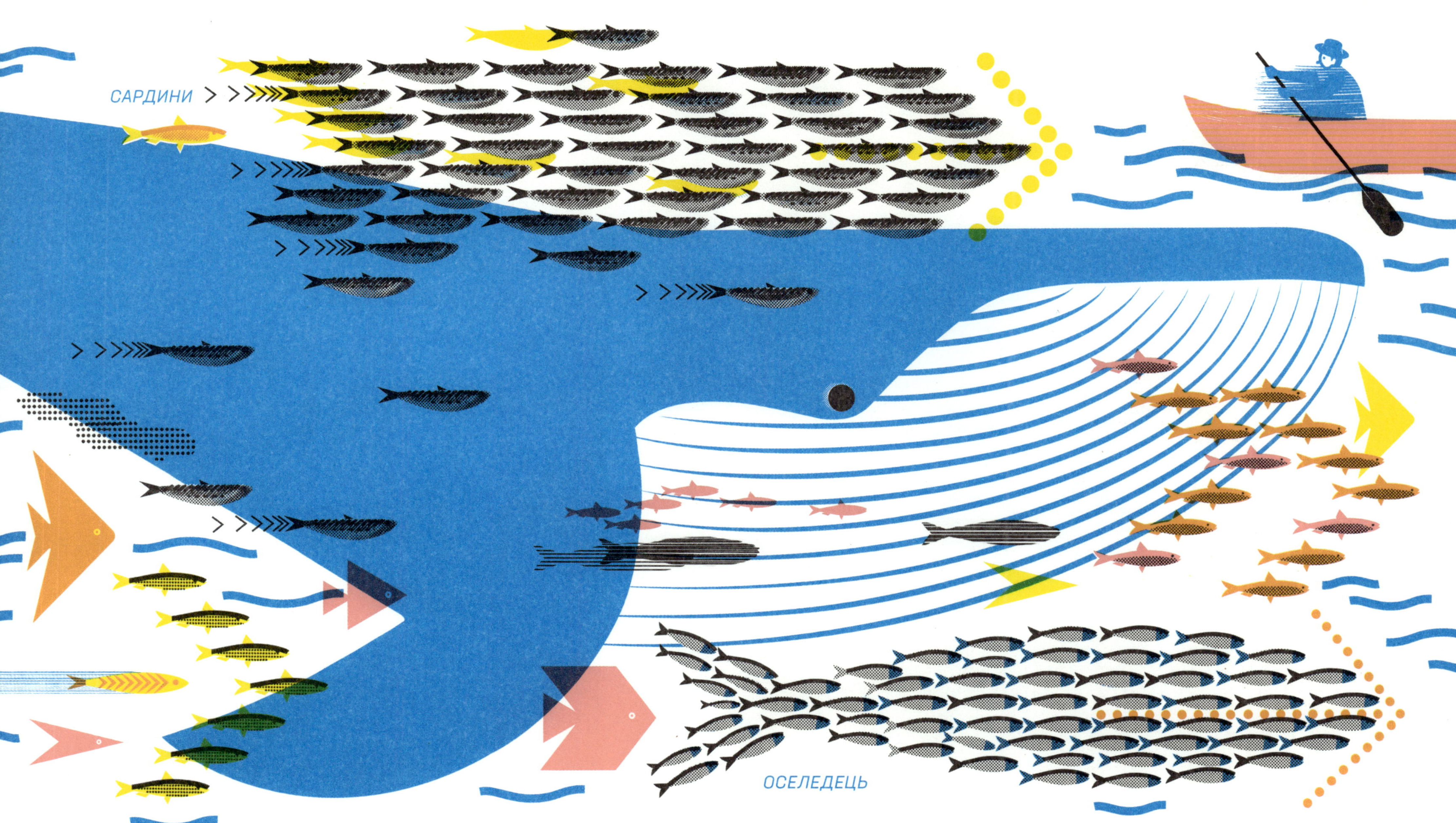

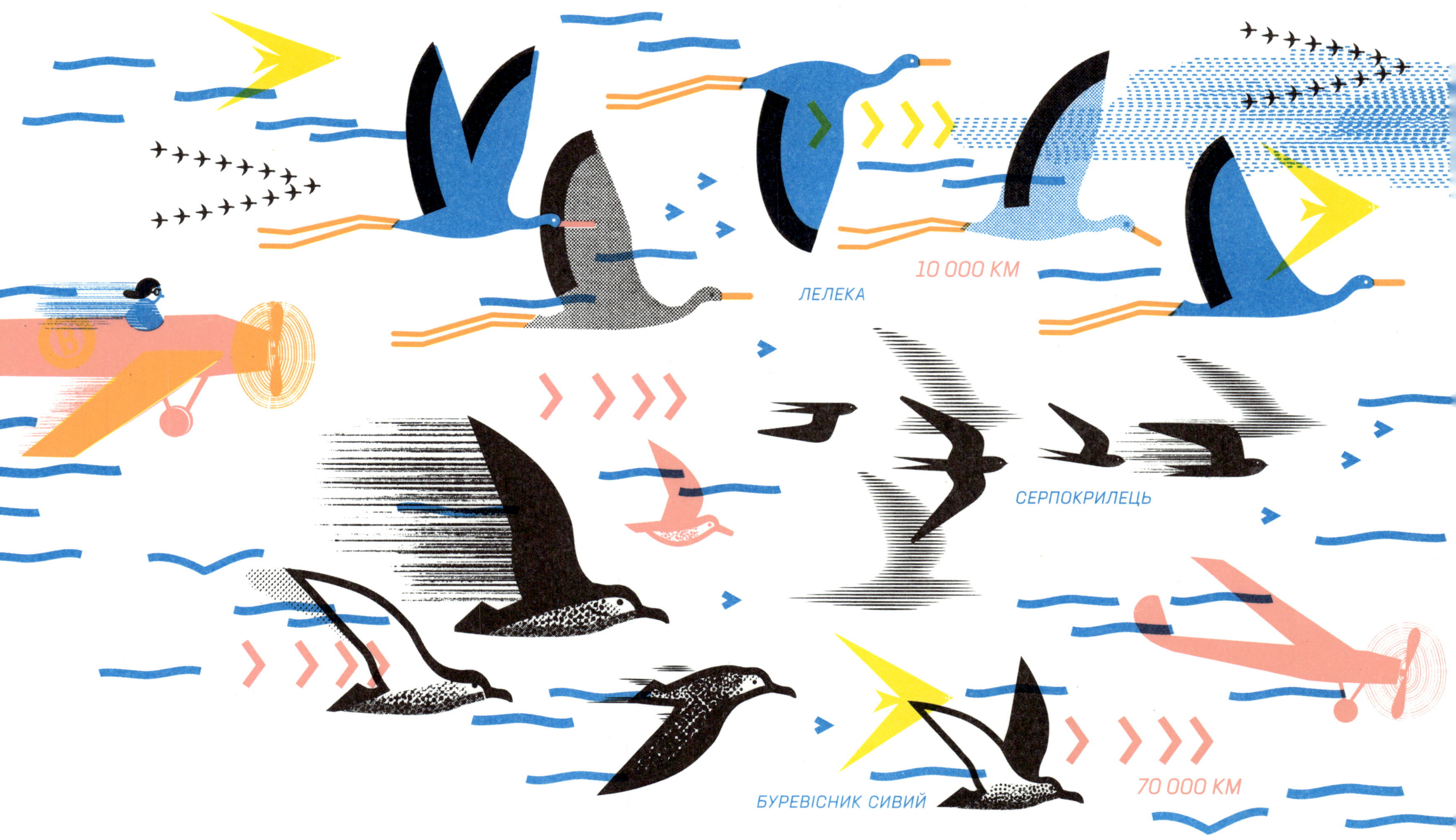


ПЕРЕЛІТАЮТЬ МІЖ КОНТИНЕНТАМИ НАВЗДОГІН ТЕПЛУ, АЛЕ ПАМ'ЯТАЮТЬ, КУДИ ПОВЕРТАТИСЯ.

СЕРПОКРИЛЕЦЬ

майже усе своє життя проводить у повітрі, пролітаючи мільйони кілометрів. Він навіть харчується і спить у польоті.

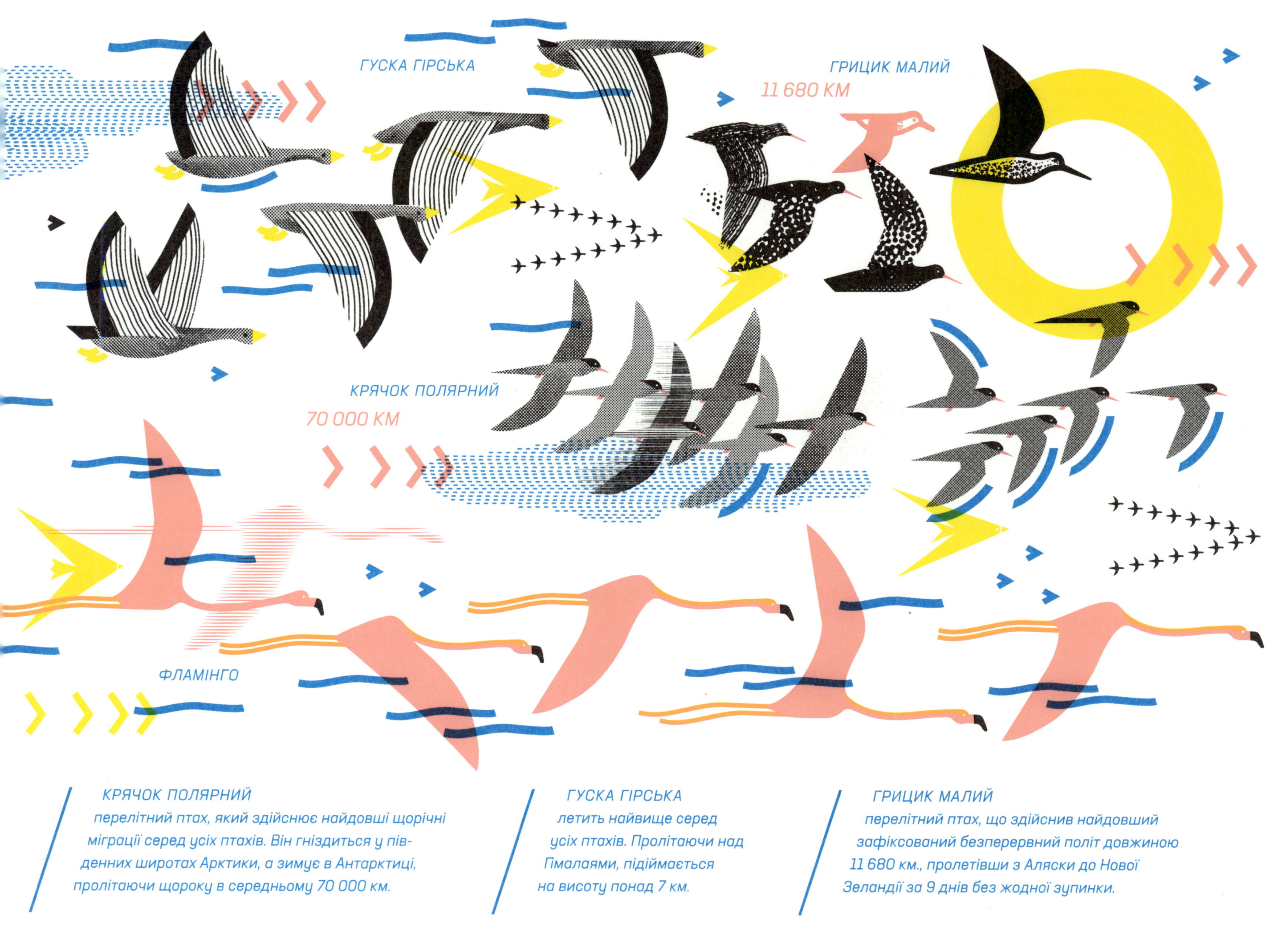


**КРЯЧОК ПОЛЯРНИЙ**
перелітний птах, який здійснює найдовші щорічні міграції серед усіх птахів. Він гніздиться у південних широтах Арктики, а зимує в Антарктиці, пролітаючи щороку в середньому 70 000 км.

**ГУСКА ГІРСЬКА**
летить найвище серед усіх птахів. Пролітаючи над Гімалаями, підіймається на висоту понад 7 км.

**ГРИЦИК МАЛИЙ**
перелітний птах, що здійснив найдовший зафіксований безперервний політ довжиною 11 680 км., пролетівши з Аляски до Нової Зеландії за 9 днів без жодної зупинки.

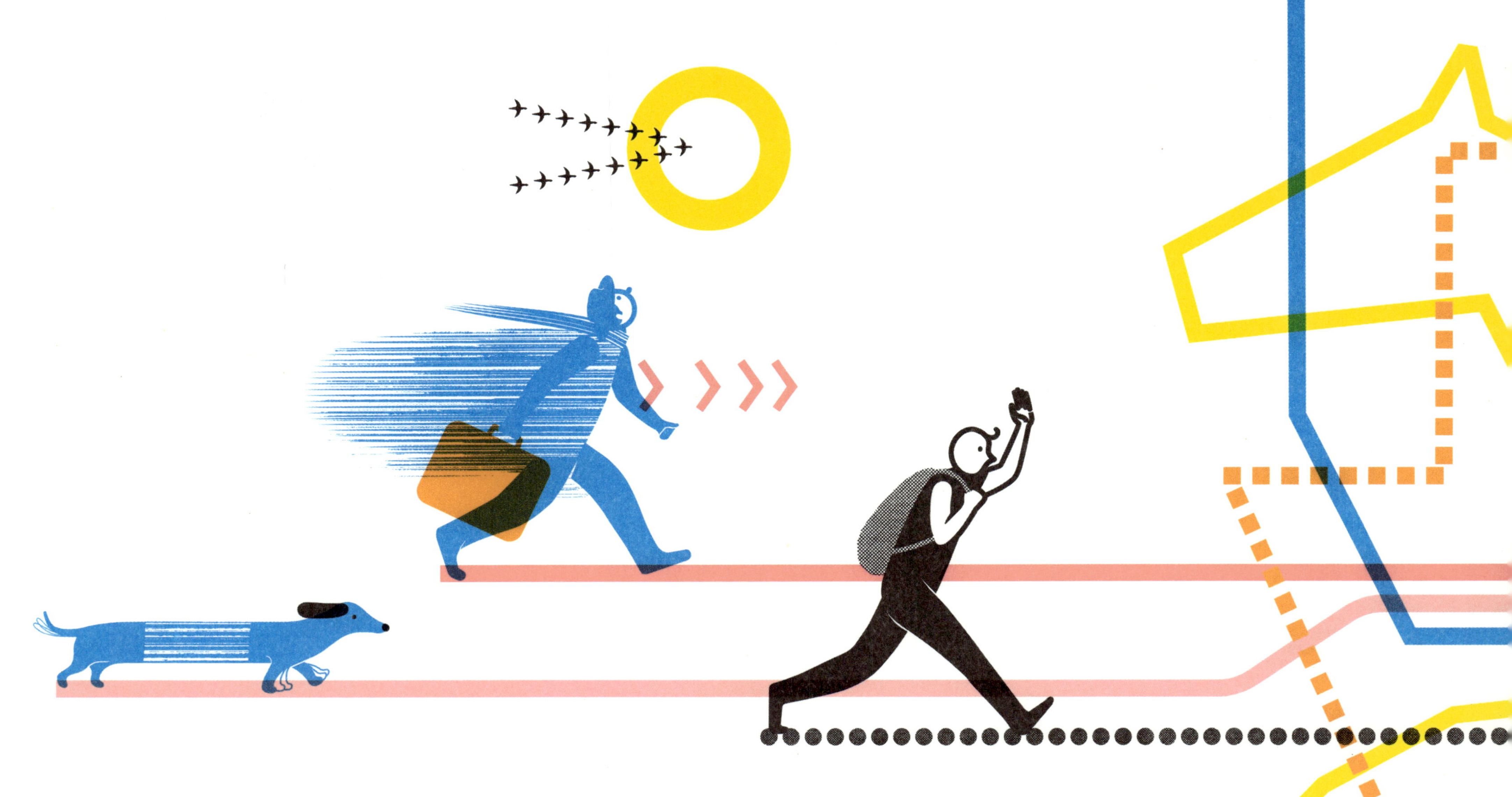

*МОЇ ШЛЯХИ ПЕРЕТИНАЮТЬСЯ З ІНШИМИ МАНДРІВНИКАМИ.*

*У КОЖНОГО – СВОЯ НЕПОВТОРНА ІСТОРІЯ.*

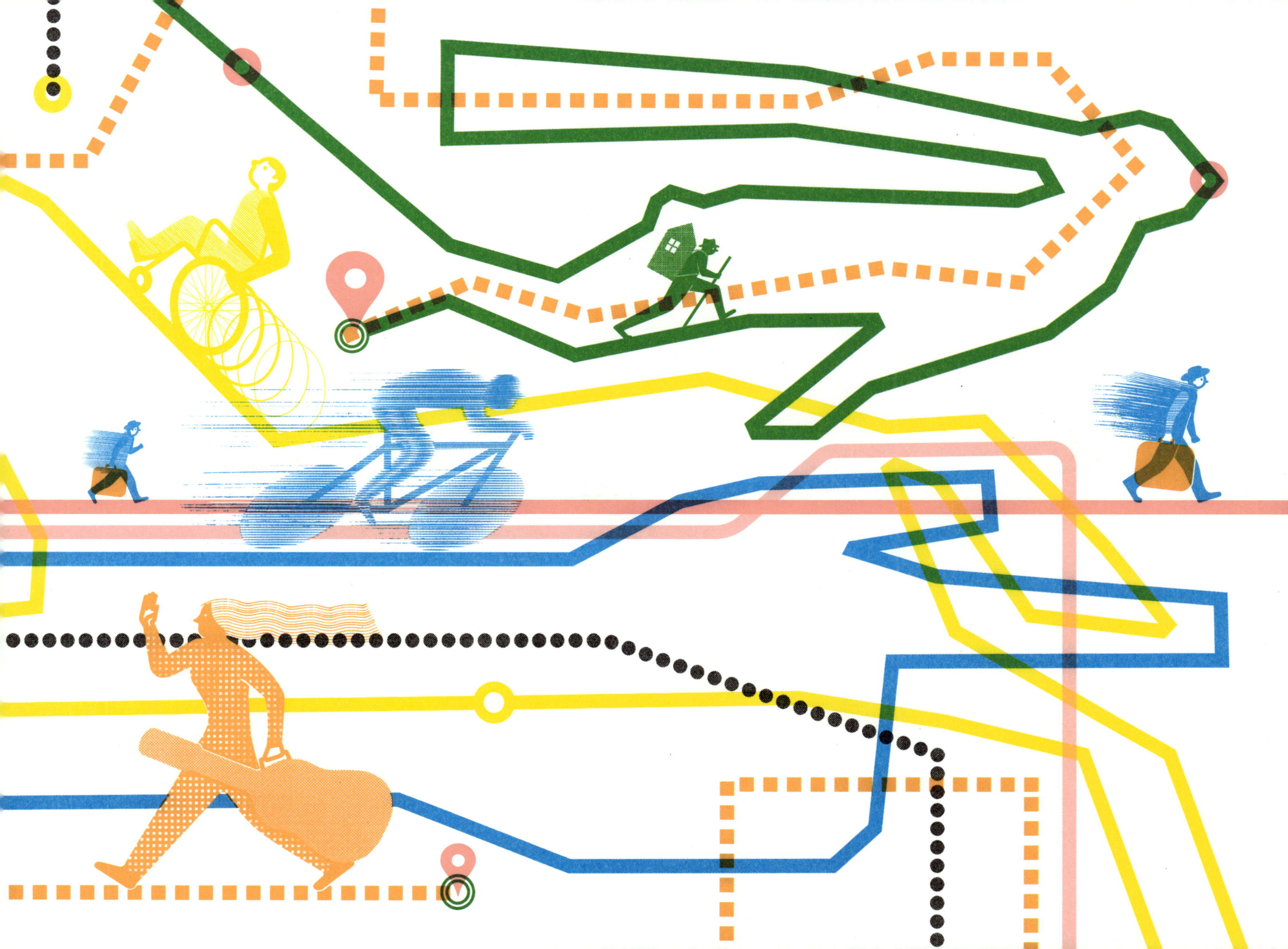

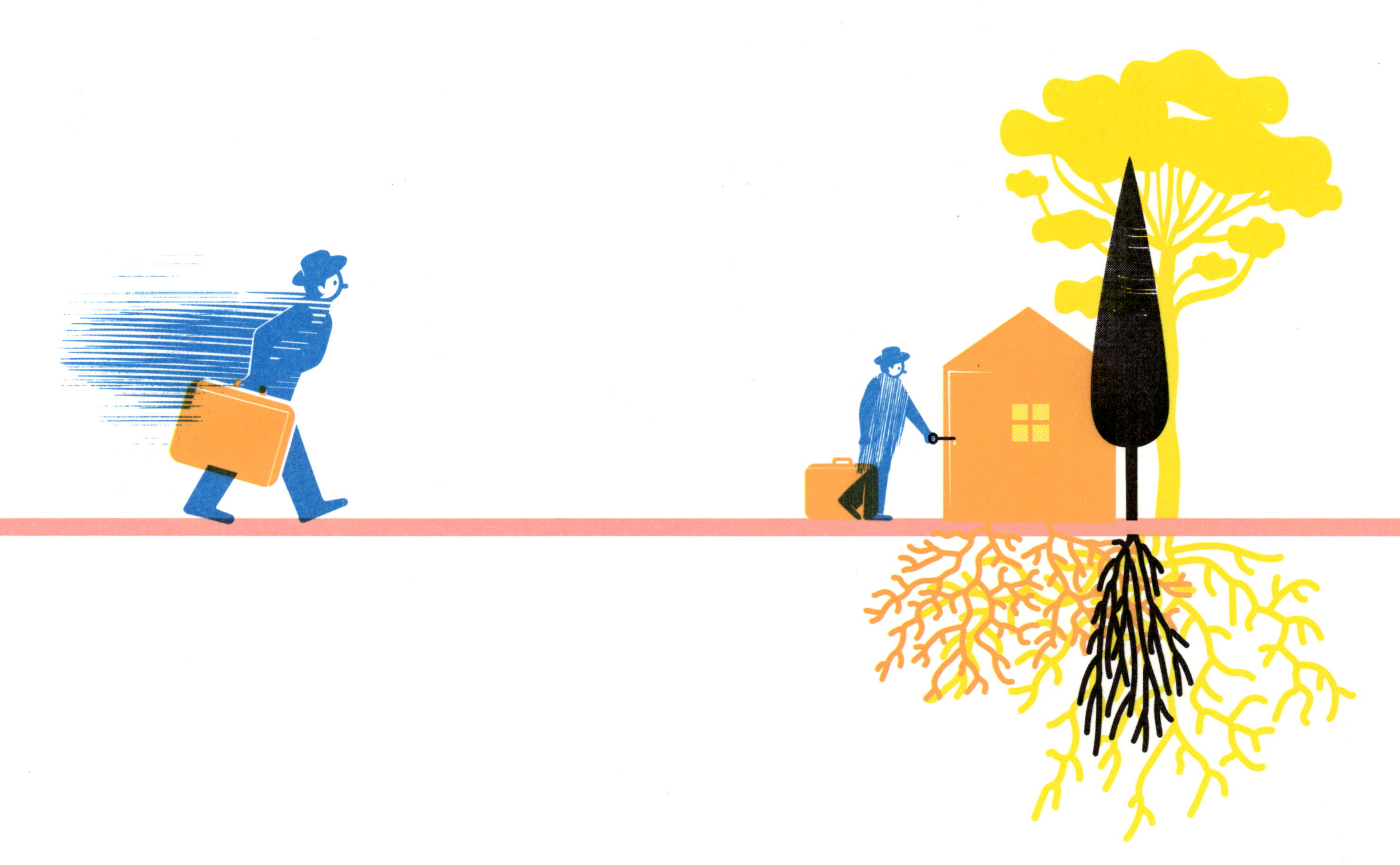

*ЙДУ ДАЛІ, ДОКИ НЕ ПОБАЧУ ЗНАЙОМІ КРАЄВИДИ,*

*ЗВІДКИ ПОЧАЛАСЯ МОЯ МАНДРІВКА І КУДИ ЗАВЖДИ ПОВЕРТАЮСЬ.*

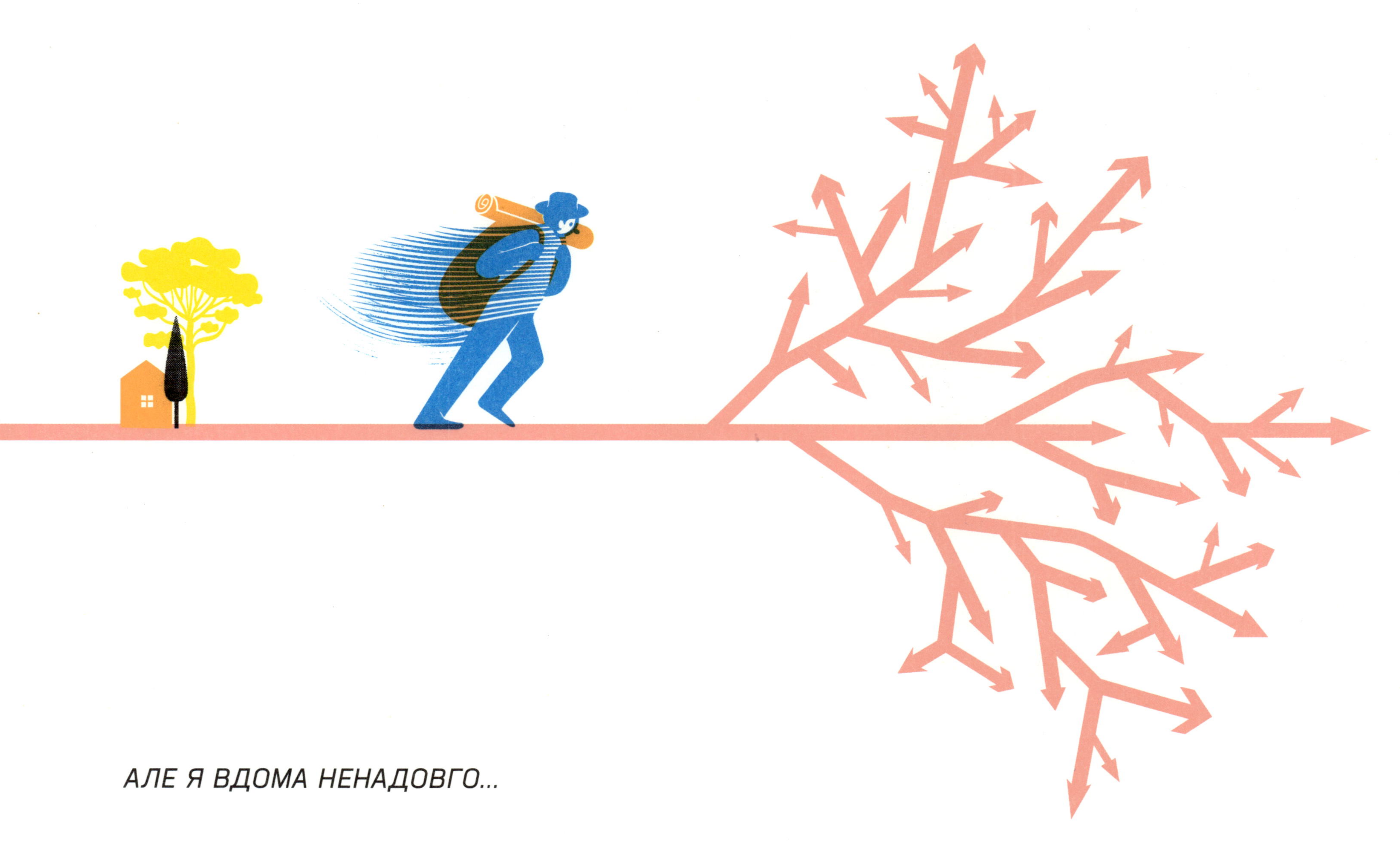

АЛЕ Я ВДОМА НЕНАДОВГО...

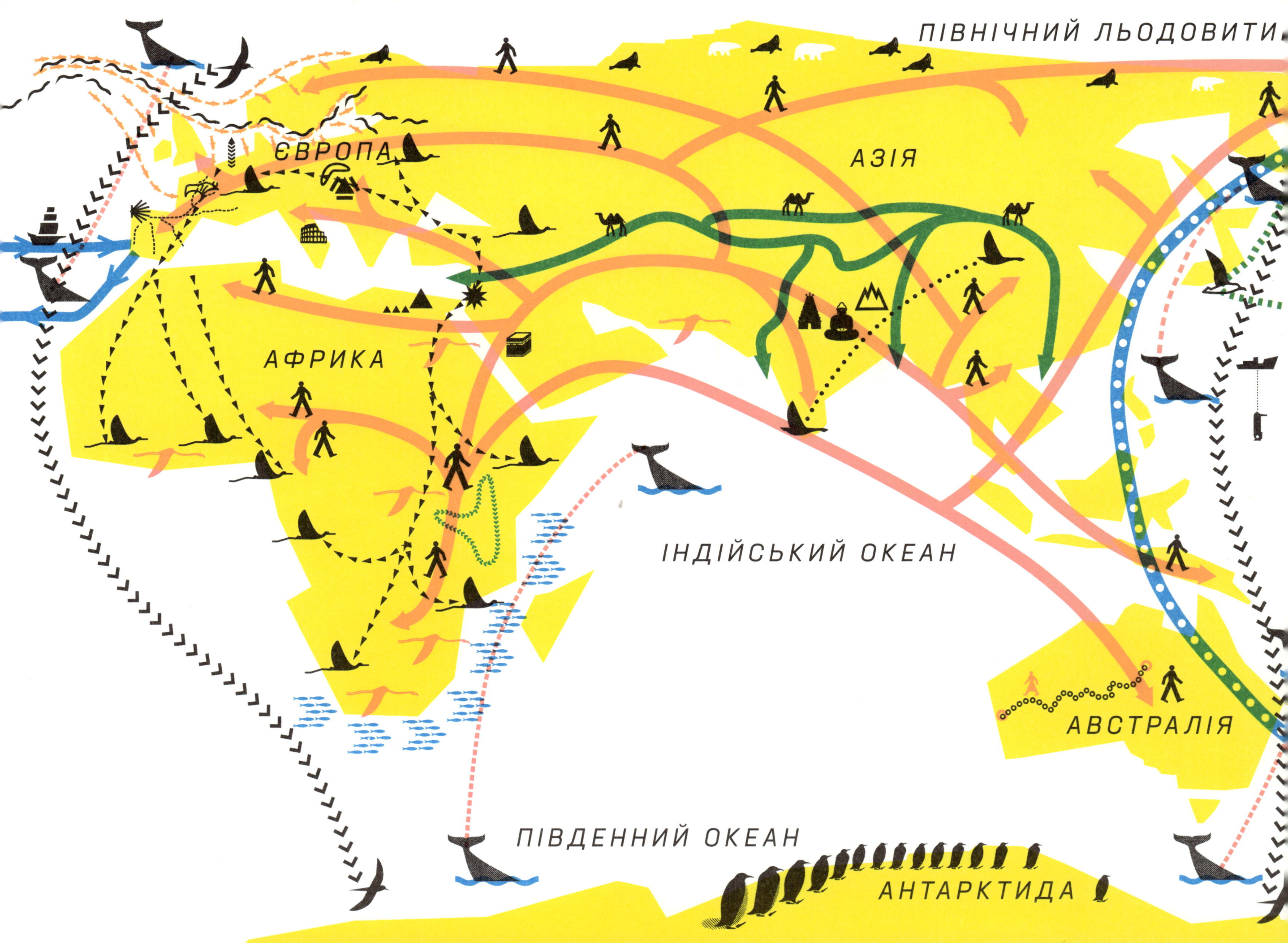
ПІВНІЧНИЙ ЛЬОДОВИТИ
ЄВРОПА
АЗІЯ
АФРИКА
ІНДІЙСЬКИЙ ОКЕАН
АВСТРАЛІЯ
ПІВДЕННИЙ ОКЕАН
АНТАРКТИДА

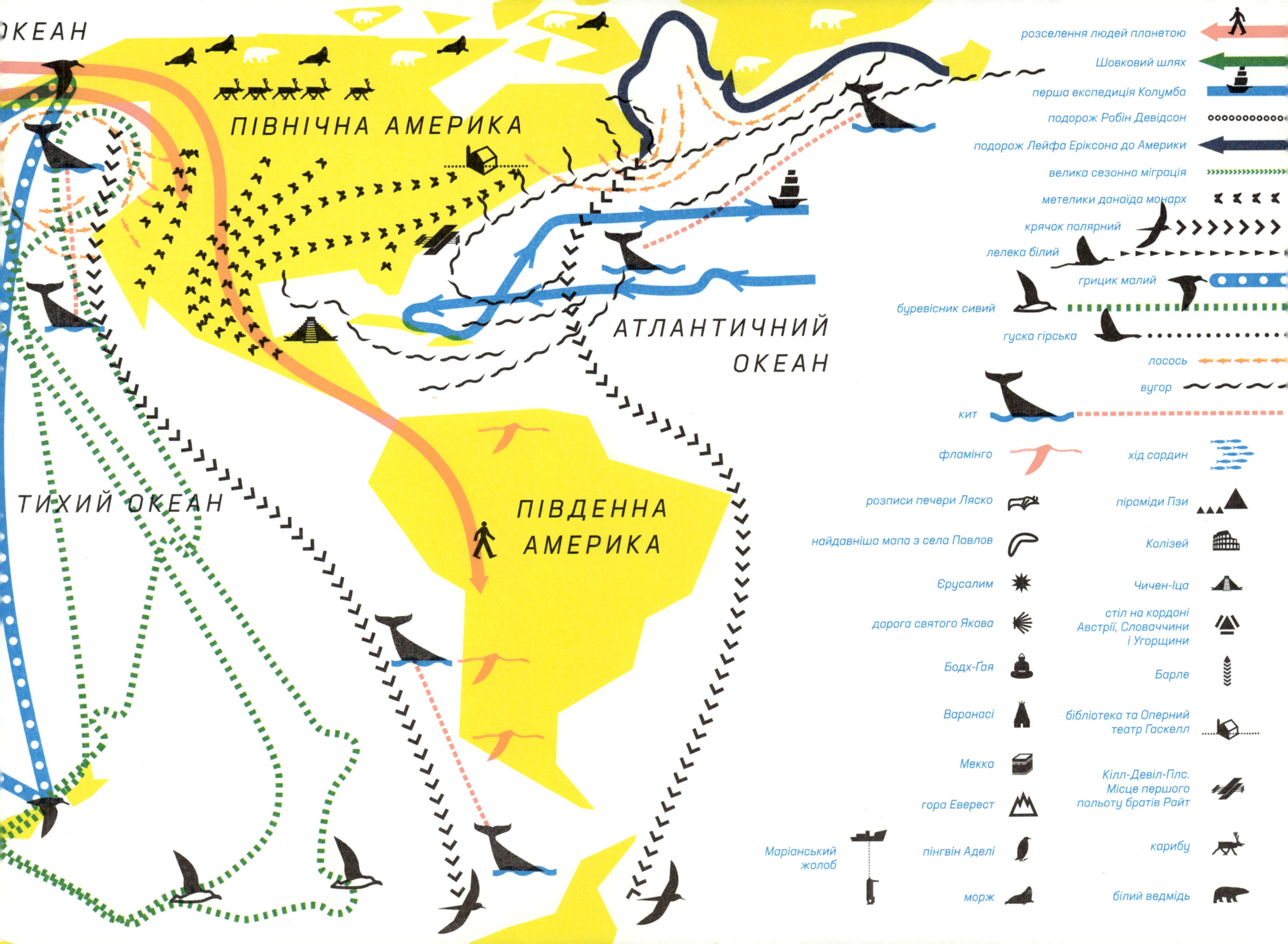
ОКЕАН
ПІВНІЧНА АМЕРИКА
АТЛАНТИЧНИЙ ОКЕАН
ТИХИЙ ОКЕАН
ПІВДЕННА АМЕРИКА
розселення людей планетою
Шовковий шлях
перша експедиція Колумба
подорож Робін Девідсон
подорож Лейфа Еріксона до Америки
велика сезонна міграція
метелики данаїда монарх
крячок полярний
лелека білий
грицик малий
буревісник сивий
гуска гірська
лосось
вугор
кит
фламінго
хід сардин
розписи печери Ляско
піраміди Гізи
найдавніша мапа з села Павлов
Колізей
Єрусалим
Чичен-Іца
дорога святого Якова
стіл на кордоні Австрії, Словаччини і Угорщини
Бодх-Гая
Барле
Варанасі
бібліотека та Оперний театр Гаскелл
Мекка
Кілл-Девіл-Плс. Місце першого польоту братів Райт
гора Еверест
Маріанський жолоб
пінгвін Аделі
карибу
морж
білий ведмідь

УДК 82-3-93
Р 69

*Науково-популярне видання*

**Романа Романишин та Андрій Лесів**

# КУДИ І ЗВІДКИ

*тексти, ілюстрації, графічне опрацювання:*
**Романа Романишин** *та* **Андрій Лесів**

*Головна редакторка* **Мар'яна Савка**
*Літературна редакторка* **Оксана Антонів**
*Художній редактор* **Назар Гайдучик**
*Коректорка* **Ольга Горба**

*Підписано до друку 12.05.2022. Формат 70×100/8*
*Гарнітура «Neusa Next Pro». Наклад 2000 прим. Зам. № 0212049*

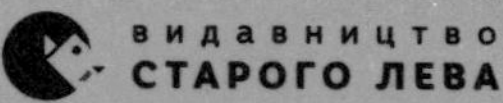


*Свідоцтво про внесення до Державного*
*реєстру видавців ДК № 4708 від 09.04.2014 р.*

*Адреса для листування: а/с 879, м. Львів, 79008*

*Книжки «Видавництва Старого Лева»*
*Ви можете замовити на сайті starylev.com.ua*
*0(800) 501 508 spilnota@starlev.com.ua*

Партнер видавництва

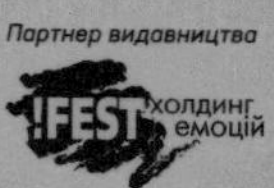


*Віддруковано у Державному видавництві «Преса України»*
*03047, м. Київ, просп. Перемоги, 50*
*Свідоцтво про внесення суб'єкта видавничої справи*
*до Державного реєстру видавців, виготівників*
*і розповсюджувачів видавничої продукції*
*ДК №310 від 11.01.2001р.*



*ISBN 978-617-679-821-7*